筆尖上的成長

名師帶你讀作文

卷二 下

戴慶華　蔣文　編著

Contents 目錄

CHAPTER 01

材料作文的約束與期待

CHAPTER 02

思考與思想

CHAPTER 03

歷史情懷

CHAPTER

04

學習經典

CHAPTER
05

作文新思維

CHAPTER 06

描寫的絢麗多姿

CHAPTER 07

情景關係

CHAPTER

08

作文的起承轉合

CHAPTER **05**

作文新思維

精研經典，
培養寫作的創新思維

戴慶華、王自榮

（雲南省祿豐第一中學語文高級教師）

　　經典文本是思想的寶庫，人類社會各個時代的思想和文化成果，幾乎都是以經典文本的方式被保存下來。從古希臘的《荷馬史詩》，中國的《詩經》、先秦諸子百家的作品，等等，到現當代的最負盛名的經典作品，無論是社會科學、自然科學、交叉科學還是新興學科中的思想和文化，它們無一例外的寓居之所都是經典文本，儘管現在已經是全媒體時代。從簡單的邏輯上來說，一個人首先要有思想，然後才談得上思想的創新。對中學生來說，認真研讀課本中的經典名篇，廣泛閱讀老師推薦的經典名著，一定是獲得思想和培養寫作創新思維的最佳選擇。向經典文本學習，你一定會在其中找到思想和方法上的源泉。

　　「新」可以說是經典文本的最大特點了。想想經典文本的作者，在寫出他的文本時，可謂前無古人，後無來者。比如王羲之的〈蘭亭集序〉，文本和書法皆可稱為經典華冠上的明珠，書法被譽為天下第一行書，文章被評為古今第一至情之文。他之前斷然沒有人寫過，也沒有誰見過，他之後又有誰能寫得出來？千古以來，僅此人寫出此一篇，不「新」從何說起？況且經典名篇隨歷史和文化而代代流傳，已經具有了巨大的文化生命力，歷久而彌新，令人百讀不厭。人生的不同階段來讀〈蘭亭集序〉，無論是對書法藝術還是文章內容的理解，每次可能都會有

新的體驗和感受。反覆研習經典文本，慢慢汲取其生生不息的生命源泉，從中窺見點滴的方法和技巧，然後有所得，有所發展，這或許就是我們所說的創新思想或思維吧。

唐代張鷟寫了本書叫《朝野僉載》，裡面講南北朝時著名的文學家庾信初到北方時，那裡的文人學士都看不起他，他拿出自己寫的〈枯樹賦〉給他們看，那些人從未見過文筆如此好的文章，頓時無話可說。有次他到南方，南方學者問他北方的文學水準如何？他說只有韓陵山上的一塊石碑上的文字（文章）可堪一觀，其餘的都不過是驢鳴狗吠，聒耳而已。庾信是公認的文學大家，他的眼光無人懷疑，他的評價雖有些辛辣，但可謂一針見血。這個故事給我的感受就是，經典的東西，誰都沒有異議，而能像庾信一樣具有慧眼，看清假貨，並曉之與世人的恐怕是少之又少。之所以這樣說，是想與同學們交流一個觀點，就是在學習和訓練作文的創新思維方面，要有自己的辨別能力。選準自己應該學習和仿傚的榜樣，也就是那些為世人所公認的經典文本，朝夕誦讀，反覆揣摩，自然會給自己帶來思想和方法上的啟迪或突破，從而悟出作文創新的一些道理。時下到處都有許多所謂大牌名師，利用媒體的影響力，大談什麼作文創新秘訣之類，名目繁多，足令人眼花繚亂。本來毫無亮點可言的文章，被人吹噓炒作之後，頓時成為許多人模仿的榜樣。如果不讀經典，相信或追隨這些人學什麼秘技，一定會誤入歧途，走火入魔。

學習經典可以在其中找到新的思想源泉，這話說起來一點也不誇張。荀子說：「吾嘗終日而思矣，不如須臾之所學也」，就是要告訴大家，新的思想或思維，都是通過學習得來的，不是抱著腦袋空想出來的。《水滸傳》是清代著名的文學評論家金聖歎最喜好並且研讀得爛熟於心的一本經典，他說自己「無晨無夜不在懷抱者，吾於《水滸傳》可謂無間然矣」。他認為學生子弟只要讀懂了《水滸傳》，看天下的文章必定勢如破竹，易如反掌。在對《水滸傳》的評論中，金聖歎提出了許多

令世人拍案叫絕的新思想。其中有一條是這樣說的：

一部大書七十回，將寫一百八人也。乃開書未寫一百八人，而先寫高俅者，蓋不寫高俅，便寫一百八人，則是亂自下生也；不寫一百八人，先寫高俅，則是亂自上作也。亂自下生，不可訓也，作者之所必避也；亂自上作，不可長也，作者之所深懼也。一部大書七十回，而開書先寫高俅，有以也。

金聖歎認為，一部《水滸傳》，其主角應該是以宋江等為首的一百零八人，為何開篇下筆不寫那一百零八人，卻要從高俅寫起，這是因為社會動亂的開端，根本起源於高層的腐敗和窮奢極欲。若社會的最高層中沒有大批像高俅這樣的人在為非作歹，魚肉百姓，怎會有那麼多人跑到衙門去喊冤，乃至於釀成百姓與政府分庭抗禮的局面。施耐庵這樣安排，自有其獨到的用意和構思，其批判社會的曲折用意，可謂集春秋筆法之大成。細想品讀金聖歎先生如此精到的思想和見解，怎能不讓我們思想的大門頓然開啟呢？

宋代的王陽明是繼朱熹、二程（程頤、程顥）之後對儒家學說思想的發展貢獻最大的一位儒家聖人。他非常忠實地繼承了朱熹「格物致知」的思想和方法，堅定地認為天地間的至善之理一定要從研究身邊事物的常理開始才能獲得，於是一有空就坐在書房裡對著院中的竹子格物，有一回竟然連坐七天七夜，最後也沒有從中悟出什麼道理，於是思想上產生了疑問，開始思考如此認識真理是否可行。正德三年（1508 年），王陰明因得罪宦官劉瑾，觸怒了明朝皇帝，被廷杖四十大板之後，發配到貴州偏僻荒涼的龍場當小吏，一住就是三個年頭。在這個極其艱難困苦和失意的環境裡，當地淳樸的人民對他問寒問暖，為他修房建屋，給予了他無私的幫助和關懷，使他渡過了難關。這些人何曾知道「格物致知」是什麼道理，但他們的內心卻良知充盈，令他不得不再深入反思儒家經典，終於感悟出原來人可以不必通過具體的物而直接認知至善真理：「知

聖人之道，吾性自足，嚮之求理於事物者誤也」，並創造性地提出了「知行合一」的主張，認為人性的至善之理，不僅是一種知識，更是行為的準則，二者不可分離，即所謂「知善知惡是良知，為善去惡是格物」。王陽明講這些，其最終目的在於讓人人都可以通曉聖人之道，人人都可以獲得並踐行良知，從而構建一個美好的社會。這可以說是一個善於學習經典思想，善於創新思維，最終成大事業的典範。

研讀經典文本，除了從中學習領悟獨到的思想見解，獲得心靈的啟迪和情感的薰陶之外，還可以學到其構思（結構）文章的技巧，而且這方面是較容易學的。平時我們寫文章，其實就是一個組詞成句，組句成段，組段成篇的過程。這個看似簡單的過程，其實包含了作者謀篇佈局的用心。不講構思文章的用心，就像蓋一幢沒有參考圖紙的房子，任你怎樣弄，最終都難以造成美觀實用的房屋。而有了參考的圖紙或樣式，情況就大不一樣了。我們看周圍的建築大廈，今天才打地基，過不了一段時日，一幢美觀氣派的大樓就巍然聳立在你的面前。其所以如此，關鍵在於有了一個可以照著操作的藍圖。學習經典文本結構文章的思維方式和方法，其實就像蓋房子一樣，只有在心裡預留了一個個不同樣式和用途的文章寫作藍圖，等到寫的時候，自然就能「循規蹈矩」，順理成章了。許多同學的作文，東拉西扯，前後矛盾、重複，句與句之間前言不搭後語，段與段之間缺乏關聯，或者乾脆文不對題……種種弊端毛病，依我看來，皆是沒有從所學的經典文本中習得基本的文章樣式所致。臨時組詞造句，難免照應周全，缺乏整體構思或者沒有能力構思，自然寫不出好文章。當然這個責任不能全部追究到我們同學身上，老師和社會的原因不可忽視。

關於文章樣式的例子，大家可以從初高中的經典文言文和現代文中去細細體會。如果要作進一步研究，可以參考金聖歎選編的《天下才子必讀書》、李扶九選編的《古文筆法百篇》以及胡懷琛編輯的《言文對

照古文筆法百篇》等。

　　說到具體的文章寫作，我們要認識到，對於不同的文體，其創新思想和方法應有各自的特點和要求。比如寫議論類文章，要出新，必定要考慮看問題的角度新，論說事理的觀點新，以及使用或援引材料的新鮮，等等；而寫敘事類文章則要考慮對所敘述的人和事進行深入的挖掘，看出別人沒有看到或忽略的細節以及深藏在現象背後的真實，從而寫出人物的鮮活個性和事件的本質。無論是說理論事，還是寫人、敘事，總而言之，寫出來的文章，人們讀了之後，感覺有一股新鮮的氣息撲面而來，讓人在思想、情感或審美體驗等方面留下深刻的印象，獲得許多前所未有的認識和體驗，大體才可以談得上真正的創新。而更高一級的要求，則是新建經典文本的層次，恐怕需要作者有很高的學識修養，豐富的人生閱歷，善於思考的習慣以及駕馭語言文字的才能，非如古人所言「讀萬卷書，行萬里路」，恐怕難以做到。

　　我們這裡所說的培養創新思維，主要是針對許多同學在作文的立意上，沒有自我的思考和見解，人云亦云，在結構的設計或安排方面沒有基本的參照模式等情況而言，我們希望同學們能夠反覆研習經典，在作文內容上獲得豐厚的文化思想積澱，在作文的組織結構方面有一個完整的構思準備。其實，在同學們的習作中，只要自己能提出明確的觀點，文章有真情實感，語言清新，層次結構看上去清爽，也就初步達到中上水準了。用老師最愛用的一句話就是「讓人眼前一亮，精神倍增」。寫出新意，對學生來說就是創新思維的一種體現。

　　「桐花萬里丹山路，雛鳳清於老鳳聲」，讓我們借用唐代李商隱勉勵和褒揚後學的經典詩句來做一個小結，祝願同學們在求知和閱世的過程中，寫出精彩的華章。

水墨之間

楊琳韻

雲南省昆明第一中學二○一一屆

（現就讀於南京大學）

　　水，清明無色；墨，沉鬱渾厚。水浸墨染，輕濃重淡，一筆一畫，色勒點染。水色蕩漾中，氤氳的是墨的清香。

　　然而，水墨之間總會留有空白，自然天成，毫無雕飾，帶給人的是言已盡意無窮之感，留給人的是天馬行空的想像。齊白石畫蝦而不見水，徐悲鴻奔馬而不見風，但畫面中的蝦分明在活蹦亂跳，原野中的馬的確在疾馳如電。視覺上的感觀已不僅僅是眼睛中所看到的空空如許的畫面，還有由視覺引發出的聯翩浮想。

　　水墨，不僅僅在畫中出現，在詩文中也有它的身影。一句「孤舟蓑笠翁，獨釣寒江雪」，一句「竹喧歸浣女，蓮動下漁舟」，一句「江晚正愁餘，山深聞鷓鴣」……一個個清遠的意境，激蕩著詩人心中的漣漪。然而在這些畫面中沒有任何一幅由水墨填滿，因為水墨固佳，卻不能表現出詩人們複雜的心境，故而不如將一切隱去，只留梅色一片，把所有的思緒化為沉靜的留白。

　　猶記得〈湖心亭看雪〉中，曾描繪了這樣一幅畫面：漫天飛雪，人鳥俱絕，唯見湖心亭一點，橋一痕。試想其中情景，恰似淡墨勾勒的水墨畫，僅有寥寥數筆，但那一處處留白卻讓人想起那白雪，更令人感到在留白中夾雜的孤寂。

　　水墨設色，幻化無窮，是平靜心靈的居所；水墨之間，點點潔

然，是淡遠靈魂的寄託。質本潔來還潔去，留白是對靈魂隱秘一角最好的詮釋。蘇君「庭下如積水空明，水中藻荇交橫」，蔡肇「逢人抱甕知村近，隔塢聞鐘覺寺深」，一片梅色，透出的是空靈與靜謐，露出的是心境的平和淡然。

望月光如水，觀蒼山負雪。恍然之間，心中感受到了詩文穿越千年的溫度，是純淨靈魂卓然的姿態，是沉入心底的韻味與聯想。忽而發現，留白是藝術也是人生的最高境界，唯有留白，才能使心靈完全釋然，也只有在留白之中，我們看到的才是純粹的自己。

心靈的留白，靈魂的純粹。也許在繁冗的世俗之中，我們的心已蒙上了太多的塵埃，那麼，就擦拭出一塊小小的淨地，讓真正的自我進駐，讓自己有一個審視自己的空間，讓心魂得以安寧平和。

有時候，有不如無，無勝過有。

水墨之間，留白滿目。

（本文發表於《中學生閱讀‧高中版》二〇一〇年第一期）

文章寫得灑脫而有詩意。文章緊扣題目，由水和墨寫起，「水，清明無色；墨，沉鬱渾厚。水浸墨染，輕濃重淡，一筆一畫，色勒點染。水色蕩漾中，氤氳的是墨的清香」，這就有了幾分詩意。「水墨，不僅僅在畫中出現，在詩文中也有它的身影」，「水墨設色，幻化無窮，是平靜心靈的居所；水墨之間，點點潔然，是淡遠靈魂的寄託」，於是，作者的思路也如同墨點在水裡慢慢洇開來。詩意的語言，更增添了文章的韻致。連例子的敘述，都是那麼有詩意，絕不著力進行實寫，「漫天飛雪，人鳥俱絕，唯見湖心亭一點，橋一痕」。文字是如此的素淨。哪怕是帶有理性色彩的議論，也那麼具有詩味。

「有不如無，無勝過有」，字外的餘味，讓人咀摸不夠。

黃厚江（江蘇省語文特級教師）

二〇一一，微力量

劉　洵

雲南省曲靖第一中學二〇一三屆

（現就讀於同濟大學）

二〇一一，微博的力量已經不可忽視⋯⋯

郭美美炫富還沒完，就被四面八方飛來的微博弄得 hold 不住。

卿十二：中國千萬富翁中擁有海外資產的達三分之一，其中百分之十四已經移民，近半數正在考慮移民，但郭美美不在其列，倒不是因為她有良心或是愛國情操，而是因為《福布斯》中國富豪榜上有兩位姓郭的仁兄，遺憾的是都不叫美美或美玲。

嬉皮士：俗話說越是沒有什麼，越要炫耀什麼。郭美美炫的不是富，是勇氣，因為她炫富的資本：別墅、豪車、名包只是官二代、富二代的日用品，但她敢於做第一個吃螃蟹的人。

泛路客：郭美美也有自己獨特的地方，一個紅十字商會總經理頭銜和一個可能是男友的乾爹，她帶動了微博炫富熱，她成就了一個「名爹」，她引發了中國慈善事業的公信危機。當然，她也炒紅了自己，微博關注量一路飆升到十一萬，距離微博女王姚晨僅一千七百多萬之遙。

貧民窟：十一萬數字的背後，是民眾對紅十字會長期官僚化和不透明的憤怒，昨日紅十字會做出解釋稱郭美美與「紅協」無關，這樣的回應明顯無法使民眾滿意，公眾叩問的不是郭美美的錢從哪裡來，而是慈善機構的公信力和社會的良知！

方小蟲：中國的慈善機構是很淡定的，他們知道，他們擁有最後一道防線：輿論消滅權。這是個比較獨特的現象，在公眾對機構的運作幾乎不知情的情況下，仍有源源不斷的捐款來支撐它們的「天價餐費」。我們沒心情捐款，沒心情聽紅十字會的聲明。郭美美應該道歉，但最應該道歉的並不僅僅是她。

⋯⋯

哦，忘了自我介紹，我叫艾維博，網名方小蟲，是個微博控。我的偶像是韓寒，夢想成為方舟子一樣的人。在新浪還未將微博普及中國時，我就在用 Twitter，從開始使用就保持著每日必發的良好習慣，風雨無阻，電閃雷鳴也能夠 hold 住。擅長用各種微博體寫微博，目前擁有十一萬一千一百一十一位粉絲，微有名氣。小蟲雖然每日刷微博，但說起來也是個懷舊的人。二〇一一年即將遠逝，我也該對這一年混跡微博做個回顧。

在微博呢，最重要的是要和諧。因此小蟲一般是不談政治問題的，可偏偏有網友@我說：「據奧巴馬總統說，拉登五月二日死在了他們美國人的槍口下，偏偏就在這『九・一一』十年之際，你說巧不巧？」我也不得不談了。

方小蟲：雖然美國總是利用其全球霸主的地位讓中國替其償還國債，也長期操控臺灣阻礙兩岸和平統一，但我們還是不能因為恐怖主義襲擊的對象是霸權主義而否認當今世界的兩大主題是和平與發展。拉登的死讓恐怖主義受到了打擊，至少對美國是有看得到的利益的，奧巴馬總統不必再在防彈玻璃後進行「反恐演說」。

不知是不是提前預見了這偉大的勝利，挪威諾貝爾獎委員會將二〇〇九年度諾貝爾和平獎授予了美國總統奧巴馬。戰爭總統左手捧著獎盃，右手指揮著北約：為了利比亞人民的安全，我們一定會對卡紮菲政府進行軍事制裁。難怪悠悠華夏，五千年文化，只有逃亡法國的漢語作家高行健獲得過諾貝爾文學獎，連堪稱百科全書的

《紅樓夢》都無緣提名，真是傷不起啊有木有？

　　我雖混跡微博多年，但「七·二三自作主張」動車事件讓我再一次被微力量震驚。

　　作為一個微博控，我在第一時間轉發了動車追尾後網友發出的求救微博，我以為這是像我這樣既不能代表鐵道部發言，也不能調動人員現場救援的普通青年能給的最大幫助，但在事故發生後的十二小時，微博上討論量已經突破兩百萬條，我想我必須要說點什麼。

　　方小蟲：親，你知道嗎？世界發展之快令人咋舌。

　　親，你知道嗎？到目前為止，微博已有超過兩億的註冊用戶。如果微博是一個國家，它將會是世界第六大人口大國。

　　親，你知道嗎？我們生在一個十倍速爆炸生長的時代，新的科技知識大約每兩年就會成長一倍。對正要就讀大學的學生來說，他們前兩年所學的知識，在三年級就全部過時了。

　　親，你知道嗎？在我們趴在網上看微博的六個多小時，已經有一千多人同時出發從南京到達了北京，若是當年進京趕考的唐伯虎看到此景，應該更會口出狂言道「我的狀元不是夢」了。你信不信？反正我信了。

　　方小蟲：過去幾千年的夢想在近來的十幾年中就得以實現，但我們不希望，驚醒美夢的會是近四十人死亡，約二百人受傷的慘痛悲劇。造價近三億元的動車，沒有裝載避雷針，遭到雷擊時中央調度系統失靈，這應該解釋為天災還是當初設計上的失誤？都不是，這是發展的代價。

　　動車事故的背後，是高速發展下的脫節。配套設施跟不上，大規模的「造城運動」伴隨「城市海景」超越公交成為武漢名片。

　　不只是硬體上的脫節，更重要的是制度的脫節。他們認為，從大的來說，我們從利比亞撤僑，我們調整了個稅，這些你們不讚

美，老是抓住一些細枝末節的東西，這是什麼居心？我們本可以在政治上比朝鮮更緊，在經濟上比蘇丹更窮，在治國上比「赤棉」更狠，因為我們擁有比他們更多的軍隊，但是我們沒有那麼做，你們不感恩，卻要我們謝罪，我們覺得很委屈。他們覺得委屈，民眾也覺得委屈，只是因為這個龐大的國家各個組成的部分依靠慣性各顧各的滑行著，相互脫節。

小蟲在此嚴正聲明，我不是什麼憤青，社會是現實的，但人的思想不能被現實鈍化，不能因為懂得而淡漠。我夢想成為方舟子一樣的人，不是想要翻著名人的自傳指出其中某處不屬實，也無意當個體打假的英雄，我只是想擁有像他們一樣的一雙識破真相的慧眼，讓我的言論不至於偏激。二○一一年，我們看得到「天宮一號」的輝煌成就，看得到最美媽媽吳菊萍，也看得到堅守雪域高原十二年的義務支教者胡忠、謝曉君夫婦感動中國。之所以不在這裡提，不是因為他們不值得被關注，而是因為引起關注的一般是社會中的特殊現象，做好事應該成為社會的常態。就像作家林語堂說的，誠信不是美德，而是最基本的道德。

我們看到一幕幕腐朽，慶幸的是我們也看到一次次的民間輿論的正確走向，民眾的眼界和心智再不是清末的層次了。

二○一一，微力量改變世界！

（本文獲二○一二年第七屆全國創新作文大賽省區級二等獎）

讀完全文，我亦感歎，微力量確實不可忽視，微力量改變世界。作者以敏銳的眼光關注現實，以精巧的構思反映現實，一個個典型的案例，一句句精妙的評述，讓人感受到了作者跳動的脈搏和沸騰的熱血。發人深思，啟人心智。

陳彪

誠信歸去來

鄒思美

雲南省昭通第一中學高一年級

人於世，必守其誠信之本心。

何為誠信？誠，乃誠實，當堅；信，乃信用，當守。

人之初，性本善。其誠信之心皆具，然入世，易惑之，是故漸失其本心。

視財於地，或私吞，或全數予人？固非己有，而舉其還之，其真癡也？

內不欺己，外不欺人。

晉侯，秦伯圍鄭，鄭伯使燭之武退秦師，功成，秦退，子犯請擊之，公曰：「『不可，微夫人之力不及此。因人之力而敝之，不仁；失其所與，不知；以亂易整，不武。吾其還也』。亦去之。」天下之事以利而合者，亦必以利而離，而公念秦伯恩於己，棄擊之，非棄舊恩招新怨，棄成功犯危難。

以誠感人者，人亦以誠而應。

秦鞅欲立信，推改革，令以一三丈木立於門北，許孰可移其木進，金五十賞。或不信，鞅五十金復增，一人擁木以進，鞅誠賞其百金。後百姓皆信之，法得以廣，秦漸盛統一。

巧偽不如拙誠。

明太祖得天下，恐臣下欲對其不利，故使人窺之。一日，宋濂

舉酒屬客，相與枕藉乎舟中。次日，祖問之，曰：「有。」孰為客，何食有，具告之。祖悦曰：「汝為賢人者也，毋欺吾。」後濂深得其信，得以重用。後人謂濂「賢人」也。

然，欺人者何也？如賈人，秦檜者也。

言而無信，不知其可也。

古有賈人，不慎入水，見一漁夫，許百金以謝之，遂救之。然賈人則予其十金，夫去。後賈人復水，人欲救，夫見，曰：「其為欺人者也。」卒沒。賈人言而無信，終害己。

人無信而不立。南宋秦檜為帝所寵，享妻妾之奉，宮室之美，吞民之財物，吐己之奢靡。其室盛勝於皇宮，其財盛勝於國庫，不顧天下黎民之疾苦。享賄賂而貪國家之財，欺民利己，故後人列其為「中國十大姦臣之首」，終得一「白鐵無辜鑄佞臣」，為世人所詬。

或生而棄信，實亡，其生毫無價值；或卒而立信，實生，其生光輝永駐。晉侯，秦鞅，宋濂雖死，而為後人所頌；賈人，秦檜亦死，而為世人所詬，何也？非境不同，失其誠信之本心耳。

信，乃國之美德也。大言之，立國之本，小言之，為人之本，與棄信者友好乎？視今三聚氰胺，損人利己，以致傷者無數，法屬之，民唾之，終使其無立於世。

至此既明：守信者，民順而擁之；背信者，民反而唾之。

古之聖人，其出人也遠矣，猶且守誠信焉；今之眾人，其下聖人也亦遠矣，而棄誠信，夫庸知誠信之重，是故相與無信而有疑。嗚呼，此可謂大悲矣！

信，我所欲也；財，亦我所欲也，二者不可兼得，捨財而取信者也！

因物而失誠信者，可謂因小失大，吾未見其明也。

然，信，非一日之功，需漸行漸進，遵小學積跬步。鐵杵成針，水滴石穿，則方能成大事。

千金固然華耀生光，一諾之允更光輝長久，雖貧而自樂，夫復何求？

這是一篇用文言文寫成的議論性抒情散文，所舉實例豐富、貼切自然、極具說服力；且所學文言句式、文言詞語信手拈來，從中可看出該學生的文言功底較為紮實。從文章的結構上來看，全文緊扣主題「誠信」二字，段與段間過渡自然，從開始到結尾渾然一體，所舉例子在正反對比中凸顯主題，可見其構思巧妙；從立意上來看，文章立意高遠，對現實社會中存在的不誠信給予批判，可見其對生活的反思和對社會的關注深刻，是一篇難得之傑作。

王世華

觸摸滇池

周志遠

雲南師範大學附屬中學二〇一二屆

（現就讀於中國人民大學）

　　對於如今的滇池，人們都不太願意去為這汪湖水揮墨留香。倒不是因為厭惡那黛綠的滔滔波浪，或是那令人作嘔的惡臭而刻意避之，只是滇池已是人們揮之不去的暗傷，沒有誰願意揭下傷疤，去回味刻骨銘心的傷痛。然而，昔日的滇池是那樣的親切，那樣的難以割捨。也許是這汪湖水沉浸著某種意義與情愁，我避不開它。

　　觸摸滇池，它的湖光山景早已滲透進人們生活的點點滴滴裡，再怎樣抒懷也都是老生常談。殊不知「昆明八景」中，「滇池夜月」的盛景應從何處尋覓，更有幾人得倖欣賞？登上大觀樓，放眼滇池五百里，靜謐猶如明鏡。「白月隨人相上下，青天在水與沉浮。」雲遊此間，陶醉於那絕妙的景致，竟不覺東方之既白。此處賞月，「山轉帆千片，波燈月一丸」。

　　昔日漁樵問答，青山綠水間自得其樂，夕陽半醉，踏著落日餘暉，興盡而歸。或有一佳人，駕著一隻烏篷船，放舟於微波上，搖曳到石橋下。

　　落花兒悄悄飛舞，飛過南院的牆角，卻招惹了翩翩的蘭蝶。鯉魚兒自在地在水裡游翔，游過烏篷的船艄，只聽見她半卷珠簾，淺笑低吟。湖中的圓月與空中的白玉盤交相輝映，交織出一片如癡如醉的景象。

觸摸滇池，它並非原本就是一湖死水一文不值。歷代遷客騷人縱情揮灑，洋溢著無限愛慕的情懷。「五百里滇池，奔來眼底。披襟岸幘，喜茫茫空闊無邊。」清代名士孫髯翁筆下的滇池氣勢磅 ，浩瀚無垠，喜溢四方。歷史長河滾滾東流，湮沒多少高人韻士。登高賦詩，聯想數千年往事，不禁發出無限的感慨。

　　「曙光像輕紗飄浮在滇池上，山上的龍門映在水中央；像一位散發的少女在夢中，『睡美人』躺在滇池旁……月光像白銀撒在了滇池上，綠柳蔥蔥靜立滇池旁；『睡美人』對著滇池來梳妝，閃爍的星光映在她頭上……」一首美妙的〈滇池圓舞曲〉，書寫了那樣縹緲美麗的意境，在郭沫若先生心目中，這湖泊定然聖潔清純。

　　觸摸滇池，它的聖潔純淨消逝在了灰色的記憶裡，生活污水和工業「三廢」的肆意排放把它玷污得面目全非。聽！這一首童謠正是它的自述：「五十年代淘米洗菜，六十年代捕魚撈蟹，七十年代游泳不賴，八十年代魚蝦斷代，九十年代洗不了馬桶蓋。」這是放聲 喊的申訴者手握的憑證，這是昆明「母親湖」悲愴的輓歌。觸摸滇池，它慘然落淚，「高原明珠」黯然失色。

　　觸摸滇池，人們在自怨自艾中清醒過來，搶救「母親湖」的「三十六計」正如火如荼地展開。人們熱心參與，積極行動，同污染進行了一次次「清淤會戰」。治污撒手鐧「河長責任制」可謂開全國治污之先河。「治湖先治水，治水先治河，治河先治污，治污先治人，治人先治官」的新思路使治理落到實處，從而加快了整治的步伐。「河床濕地化、河坎生態化、河岸景觀化」的新舉措，推進了重點目標的實現。觸摸滇池，過去的美麗一一重現：入湖河流上游處，清澈碧綠，水聲潺潺，一陣微風吹過，湖面上蕩起層層漣漪；沿湖漫步，一個個濕地公園使人心曠神怡，流連忘返；漁樵於江渚之上，搖櫓聲不絕於耳，猶若「葦煙迷鷺渚，篙月掛漁舟」之境；登上龍門極目遠眺，真有「倒映群峰來鏡裡，雄吞萬派入胸中」之

感。

　　水草青青，迷霧微微。駕舟東去，何時故歸？

　　觸摸滇池啊，是我的夢。我在滇池的夢裡，在我夢裡的滇池。

　　在滇池的夢裡，「睡美人」像一位散髮的少女，半倚在滇池旁，對著它正梳妝。絲絲縷縷的髮髻垂入湖水，倏然向四周發散開，猶如初放的蓮葉，慢慢地浮在水面上，油油地在水裡招搖。就在這一刻，明鏡那間被打破了，那波光星星點點，瀰瀰蕩漾在它心頭。這靜謐的夜空下，平添了一絲動感的美。在滇池的夢裡，「睡美人」在同它說著情話。「每一陣風過，我們都互相致意，但沒有人，聽懂我們的言語。」在滇池心裡，「睡美人」是那美的女神；在「睡美人」心裡，滇池是那堅強的依靠。於是，它們同甘共苦、冷暖相依。

　　在我的夢裡，滇池正睡得酣暢，勿擾醒了它！我去夢裡同它歌唱，黎明前，我們彼此默默守望。滇池啊，蕩滌在你心底的溫柔，牽動了我不勝的情愁。

　　在夢裡，我們執手共舞，直言歡笑。霖霖泠泠，迷霧微微。迷離中，似琅玕般馥鬱的夢眼，嬋媛著綿綿不已的情愁。嫣然一笑的嬌羞，遮掩不了含情脈脈的溫柔。在我的夢裡，無垠的湖面上蕩漾著動情的波浪，像烈火，像春光，迴蕩在我的胸膛。

　　觸摸滇池，我在滇池的夢裡，在我夢裡的滇池。

　　現實與夢境交織，輕輕地叩響了滇池的心扉，日新月異的變化，觸動了它聖潔的心靈。

　　滇池從夢中走來，卻不知自己是身在夢裡，還是早已回到現實。我從夢中走來，卻不知這汪湖水裡，沉澱著幾分虛幻，幾分迷離。自滇池夢醒伊始，它的幻想與希冀便漸漸實現。一群群紅嘴鷗如同白衣天使，時而停聚，時而盤桓，時而浮泛碧浪，時而矗立荷尖，悉心呵護著滇池的點點滴滴。每一次相逢，它們都為滇池帶來貼心的問候；每一次離別，它們都為滇池留下誠摯的祝福；每一次

聚首，它們用潔白的羽毛刷洗漆綠的污垢；每一次歸去，它們把潔淨留下，把污濁帶走。時光飛梭，歲月流年，滇池重新煥發出「高原明珠」的光彩。「山勢特秀，池水清澹。」「蒼崖萬丈，綠水千尋，月印澄波，雲橫絕頂。」天外雲卷雲舒，碧綠的湖水映帶著湛藍的天空，山水相望，「睡美人」風姿綽約，格外妖嬈。「四圍香稻，萬頃晴沙。」日月交輝，漁火零星，昔日美好的景致又依稀浮現眼前。

觸摸滇池，我在滇池的夢裡，在我夢裡的滇池。

滇池的夢醒了，卻發現「睡美人」在它心裡，默默地沉澱了載不動的牽掛。我的夢醒了，卻發現滇池在我的心裡，輕輕地交織起剪不斷的情愁。

我觸摸滇池，觸動了它的心；滇池觸摸我，觸動了我的心。

作為昆明母親湖的滇池，曾經是那樣的碧波蕩漾，魚蝦成群，養育了一代又一代的沿湖兒女，被譽為「高原明珠」。歷代騷客多有吟詠，佳作迭出。但不幸的是不經意間，就淪落為全國四大污染水域之一，濁浪滔滔，臭不可聞。好在最近幾年政府新政，強力治污，收效顯著。作者就是按照滇池的潔淨—污染—治理的思路行文，對母親湖的前世今生飽含深情娓娓道來，悲喜均源於熱愛。引用前人詩文也恰到好處，不堆砌而能為「我」所用。

蔣　文

和生活談一場戀愛

龔曉萌

雲南省昭通第一中學高二年級

> 林花謝了春紅，太匆匆，無奈朝來寒雨晚來風。胭脂淚，留人醉，幾時重？自是人生長恨水長東。
>
> ——李煜〈相見歡〉

生活總是令我們無奈，它「朝來寒雨晚來風」。但是，生活也如愛情一般，需要包容。我愛你，我便心甘情願包容你所有的缺點與不足；你若愛我，也就能一樣包容我的壞毛病。於是兩情相悅，這便是愛情。兩個人在一起一天，便多包容對方一日。

生活便是與我們談戀愛的女主角或男主角。

如果你與生活相處融洽，那麼你自己也會很快樂；如果你與生活相處不融洽，那麼滿身傷痕的必然是自己。所以既要愛生活，又要讓生活愛我們。

當然，在與生活相處時難免會鬧矛盾，但是我們必須既堅強又明智，要學會理解調整，不要脆弱不堪，否則只會讓自己的「生活主角」離自己遠去。正如曾風靡全國的電視劇《北京愛情故事》中一位主角說的話：

「我死了還怎麼證明愛情啊！」該句臺詞淺顯表達出了我們應該勇敢對待與生活的愛情。

對於生活帶給我們創傷，有的只會任其感染，潰爛直至死亡；

有的自暴自棄，結果只能平庸一生。只有主動應戰，不僅戰勝困難，療好創傷，還可能會有意想不到的結果。

泰戈爾說過：「明明是你看錯了生活，你卻說是生活欺騙了你。」既然看錯了生活，那便將錯就錯。

古往今來，多少人與生活產生摩擦，卻依舊堅守，直至生命盡頭。

生活給司馬遷帶來的是痛苦與恥辱，但司馬遷寬容了生活，與生活一起書寫了令人驚歎的《史記》。

生活給蘇軾的是輾轉流離，但蘇軾寬容了生活，不停描繪生活的美、樂觀、豁達。

生活給貝多芬帶來的是在事業巔峰時失去了音樂家最寶貴的聽覺，但他寬容了生活，不拋棄癡迷音樂的熱情，最終帶領生活用《命運交響曲》的激昂樂章衝破生活的障礙。

生活給海倫・凱勒帶來的是視覺以及語言表達障礙，然而她寬容了生活，用頑強的毅力克服生理缺陷所造成的精神痛苦，超越了極限。

雪萊說過：「冬天來了，春天還會遠嗎？」因此，我們要學會寬容生活，給生活一次機會，那麼生活也會寬容我們，在某個不經意的時候給我們一次機會。

普希金說過「生活總是欺騙人」，但他同樣也說過「假如生活欺騙了你，不要悲傷，不要著急……相信吧，快樂的日子總會來臨」。

生活不會自己變，可以變的只有我們自己。以我觀物，物皆著我之色彩。你若愛生活，永懷平和、淡然的心態，那麼每一天的生活對你而言都是美好的。

我想，如果每個人都有這種心態，那麼將會和生活永遠恩愛，也定將白頭偕老。

本文題目別開生面，源於構思之精巧。作者的文字功底較好，語言流暢又靈動，似乎在「詼諧與機智」間遊刃，令人喟歎其細膩且善於捕捉思想的靈感。生活，該怎麼面對，這是一個大命題，誰也無法給出標準答案，作者小小年紀卻能縱橫捭闔、談天說地。沒有足夠積累怎敢侃侃而談？套用一句廣告：沒有準備怎敢登場！文章提醒我們，多思勤記而後才能「善寫」。

吳曉湖、胡　青

揭開烏托邦的神秘面紗

王馮麟

雲南省昆明第一中學二〇一二屆

「一張沒有烏托邦的世界地圖是絲毫不值一顧的。」英國唯美主義作家王爾德寫的這樣一句話，概括著千百年來人們的多少夢想、願望。烏托邦——一代代人嚮往的幸福家園，無憂國度；烏托邦——人類薪火相傳的「天堂」的第一代言，它一次又一次地在時間與空間沒有交集的地方出現。中國，有個叫陶淵明的書生叫它「桃花源」；希臘有個叫柏拉圖的老者稱其「理想國」。但它被一個神秘面紗嚴嚴實實遮蓋著，人們一直不能真實感受它。

烏托邦到底在哪裡？為什麼我看不到它？難道它真的只能在天堂裡出現？每個人都會問這個問題。這個在神秘面紗掩蓋下的美好世界，以其神秘莫測的美好與絕倫誘惑著、也拒絕著每個發問者的好奇探尋。

有一些人千方百計、費盡心思想要揭開它的面紗。他們堅信一層面紗遮蓋不了烏托邦的存在，只要滿懷信心，克服千難萬險一定可以實現。於是，他們訪遍千山萬水，在長城下、在黃河邊苦苦修煉揭開面紗的本領；他們窮盡奇招異術，想從煉丹、製藥的羽化升仙中找到方法。他們深入萬丈深淵尋覓揭開神秘面紗的途徑，他們窮盡一生之力想要揭開這個神秘面紗。但最後，依然只有死不瞑目的萬般無奈和「烏托邦呀，你在哪裡？」的終身遺憾。

他們沒有找到烏托邦，找到的是地獄。

還有一些人，他們不再漫無目的地尋找。他們懷揣一個美好的願望，轉過身來，彎下腰去，日出而作，日落而息，勤勤懇懇、踏踏實實地耕田犁地、播種收穫。他們胸懷一份志向，轉過身來，靜下心來，聞雞起舞，挑燈夜戰，遨遊書山，博古通今。他們在辛勤的勞作中感受愉悅，在腳踏實地的收穫中體會滿足，在豐富的思想中覺悟百態。那不知在何處的烏托邦早已被他們拋到了九霄雲外。最後，他們安詳地閉上眼睛，滿意知足地對自己笑笑。

他們也沒有找到烏托邦，但是他們從現實出發一步步地接近了自己的理想。

那麼，那層神秘面紗後面，到底是不是真只是一個太空虛景？自然不是，那確實指向了烏托邦，可為什麼找不到呢？因為烏托邦是不存在的，但是理想是存在的。

烏托邦也絕非毫無用處，尋找它是我們找到理想的必然路徑之一。它是實現理想的巨大動力源泉之一。請看，當我們從食不果腹、衣不遮體的原始中走出，過上自給自足、豐衣足食的生活時，當我們手握小康、追求文明的時候，真的沒找到嗎？也許就不是了。有一天，當那層蒙住烏托邦的神秘面紗被揭開時，有人驚訝了，有人開懷大笑了，揭開神秘面紗下的烏托邦幫助人們踏上了理想之路。

對，烏托邦不存在，但人人心裡都有一條通往烏托邦的道路。從這裡出發，可以幫助我們踏上理想之路。來吧，勇敢地揭開烏托邦的神秘面紗，不要貪圖安逸，不要急功近利，只有把理想照進現實，腳踏實地，奮力拼搏，才能到達真正的幸福彼岸、無憂樂土，才能將遠大理想變為現實。

什麼是理想，什麼是空想，作者巧妙地用「烏托邦」作了清
晰、理性的詮釋。文字的冷靜、深刻折射出作者超乎年齡的理
性思考。

汪越華

七月，我們騎在羊背上

蘇　亨

雲南省大理第一中學
（現就讀於香港大學）

　　盛夏七月，濃濃的夏意裹得我們喘不過氣來。顧不得知了的聒噪不安，顧不得烈日的熱情似火，我們像急於遷徙的候鳥一樣，按捺著那顆澎湃已久的心，越過高山，飛過大海，跨過赤道，來到這片寒風輕舞的草原上，親吻這個騎在羊背上的國家──Australia！

　　毫不誇張地說，澳大利亞給我的第一印象是個「空洞的國度」。初來乍到，旅遊巴士在悉尼的大街小巷裡從容地穿梭。各式的高樓古房交錯相擁，繽紛的霓虹彩光交相輝映、纏繞盤旋，在城市的上空劃出一環若明若暗的暈圈。可在這極盡繁華的城市裡卻難尋人跡。燈火通明的商店大門緊閉，透過玻璃，琳琅滿目的商品讓人目不暇接，但店主、顧客卻不知哪兒去了。現在時間還早，街道上卻是空空如也。儘管如此，但一切都井然有序地進行著。後來才知道，澳洲地廣人稀，再加上人們已養成的生活習慣，才形成此番特殊景象。「是故謀閉而不興，盜竊亂賊而不作，是故外戶而不閉」描述的大概就是這種生活吧！

　　我不禁想，只有一套得力的社會體制，才能保障這樣安定有序的生活。在後來的旅程中，我們的確深刻感受到了。例如，在這裡過馬路是不用等紅綠燈的，你只需按下身旁路燈上的按鈕，發出「申請」，便可獲得相應的過馬路時間。這樣的設計不僅靈活方便，

更給行人的安全以最大限度的保障。再如，在乘坐車輛時，站立著或是吃著東西也都是不被允許的。就拿前者來說，如果我國也能借鑒一二，相信現今的交通狀況也能得到很大的改善了。這一切只有嚴明細緻的制度，再加上公民的積極配合，才能為我們安定的生活編織美好。

離開悉尼，一路向南，終於和我的寄宿家庭見面了。很快，我就和他們打成了一片。但最感動我的不是他們的文化，也不是他們的生活方式，而是他們心靈的光輝。開學第一天，學校宣佈要進行一項集體活動。毫無疑問，對於我這樣一個中國學生來說，這樣初次見面就舉行的活動是一定會參加的，不會去想自己願不願意。但和我搭對的 Jack 卻問我想不想去。

我被震撼了，因為在我腦海深處，絲毫都不覺得這件事可以有選擇，也從沒想過要選擇。他這一問才讓我猛然意識到：原來我也是可以決定我自己意願的！那種強烈的衝擊感，他也許永遠體會不到。在接下來的日子裡，無論做什麼事，他們都會問我願不願意、想不想。這並不是因為我是客人的緣故，而是源於他們生活的本能。從小到大，我都被家長灌輸以「要聽話，要做一個善於服從的孩子」。而現在，我才真正感受到了「做自己」的快樂。在人與人的交往之間，如果我們能多聽一聽別人的意見，多尊重他人的個性發展，而不是一味地命令、希望別人遵從自己。也許整個社會都更加活躍，更具創造力，閃爍出更多智慧的光芒！

我不僅走進了他們的家庭生活，更走進了他們的校園生活——差別的確太大！光說作息時間，我們一天就比他們多上將近八個小時的課。上課的內容也大相徑庭：他們有廚藝課、木工課等。而這些都是我們見所未見、聞所未聞的。說實話，起初羨慕、嫉妒等各種情緒都有過。但漸漸的，我才發現我們中國學生有著更別具一格的幸福。

不錯，我們很累，學習的重壓讓我們緊繃的神經一刻也得不到放鬆；的確，我們很苦，披著星輝而去，我們行色匆匆，戴著月光而歸。可這也是不爭的事實：同是十六歲的花季，當他們還在加減乘除的淺海裡蹦跳時，我們已朝著數學的大海拔錨起航了；同是邊陲的小鎮，他們那兒人煙稀少，我們是高樓林立，車水馬龍，展現出一派欣欣向榮的景致；同是佇立在一個地球上的國家，我們是世界第二大經濟體，國民生產總值不斷攀升！沒有我們多一份的汗水，哪兒來另一曲絕美的盛讚？沒有我們祖輩的點點辛勞，哪兒來今天的豐功偉業？因為奮鬥，我們的人生更充實；因為奮鬥，我們的明天更精彩！作為一名中國學生，我們有多麼幸福！

　　兩國的制度不同，因此很多方面也不可能一樣。我們沒有必要去盲目地追從、羨慕，我們有自己的特色。但不可否認的是，我們兩國的國民平均生活水準仍相差較大。十三億人口，這是我們不得不去面對的大包袱，乘以它，十分龐大；除以它，就微不足道了。只有我們每個人都盡到自己的那份力，發揮自己的那份熱，那麼，十三億就不再是個累贅，而是振奮人心的巨大力量！

　　昨日的七月，我們騎在羊背上，覽盡奇觀，開闊胸襟。

　　明朝的七月，在那個遙遠的東方國度，花會更紅，草會更綠，天會更藍⋯⋯

　　什麼是成長？「讀萬卷書，行萬里路」，用腳、用眼、用耳、用腦——才可能有真正的成長。該文作者記錄了自己一次澳洲之行，儘管文字不是很精練，結尾部分也有一些似乎不得不做的「迴旋」，但感受頗多，感悟真切！其觀察與思考，會給人很多啟迪。

　　　　　　　　　　　　　　　　　　　　　　　　顏冬昀

四月花海
——一封青春寫給世界的情書

虞雅麗

雲南省昭通第一中學

四月，花開的季節。

我在這明媚如水的春日陽光下，遇見一棵開花的樹，滿樹繁花開成一片光影閃爍的喧囂大海，淺粉色的燦爛花朵是太陽下迸濺的水花，細碎的陽光如溫柔的魚群在微風裡緩緩游動，偶而有幾片陽光從層疊交錯的花朵間漏出，在斑駁的地上投下一塊晃動的光點，也許是從花海中逃跑的一隻調皮小蟹吧。聽見了嗎？大海一樣的呼吸，淡粉色的呼吸，深深淺淺洶湧如潮水。那是花朵的心跳，在傾訴呼喚，似一層柔軟精緻的薄紗將我輕輕籠罩，讓我以為身在夢境。也許只有站在這樹下，靜聽一棵開花的樹海水般的呼吸，我才懂得生命的姿態，才明白青春是以怎樣的面容在向我微笑致意。

我應如何去理解一朵花的盛開？她勇敢堅強，為這一刻的綻放，在黑暗中長久地等待。狂風和暴雨都被她經歷，寂寞與寒冷都由她忍受，歷經艱辛才獲得新生，那樹枝上每個綻出新芽的地方都是一道傷口，這傷口裡卻開出了花。原來每一片花瓣裡都含著一滴飽滿的淚珠，那是夢想成真後的喜悅感動嗎？花朵勇敢，因此花海熱烈而美麗。我在這樹下聆聽，淺粉色的呼吸不是哭泣，是苦盡甘來的歡笑聲。抬頭凝視盛開的花朵，我竟不能從他們嬌美的臉龐上看到絲毫的疲憊，彷彿她們對整個世界全是熱愛、全是希望，一點

抱怨也沒有。一樹繁花在你眼前鋪天蓋地而開，如同一場豐盛而劇烈的幻覺。它太過於美好，讓人懷疑樹的全部生命是否只有開花這一件事，才需要她如此竭盡全力地完成。

這樣的美麗如此乾脆，沒有絲毫拖泥帶水。每一朵花綻放到極限，她們用盡渾身解數將花瓣一一舒展。在這一瞬間開得如此用力，彷彿下一秒就會從枝頭跌落，從此失去生命。只因為自己還擁有這大好春光，所以不計代價地成全自己，讓這一樹花朵在灼熱的陽光下開成一片奮不顧身的花海。淺粉色的海水溫熱，落一滴在手心就化成一枚閃著微光的太陽，那是一顆跳動的心臟啊！

一棵開花的樹是一個熱烈而深情的女子，滿樹繁花是一紙情書，字字句句訴盡衷腸。她說她熱愛天空也熱愛大地，她說她熱愛深夜的星光也熱愛黎明的晨曦，她說她熱愛火紅的太陽也熱愛冰冷的雨水，她說她熱愛著生命也熱愛著痛苦。我飽含熱淚念這詩句，才懂得青春是怎樣的姿態。

青春是夢，是詩，是笑容燦爛的少女，是一棵四月的樹，是透明傷口裡開出的花朵，是溫暖芬芳的粉色海洋，是一封以風為紙、以花為筆的情書。請讓我念出它，念這世間最動人的詩句。

文章既有花的明豔、清新，又有海的靈動、澎湃。字裡行間跳躍著特別的靈感和體悟：「陽光」如「魚群」，「光點」如「調皮小蟹」，花能夠「呼吸」和「有心跳」。小作者筆下的「花」透著堅韌和倔強，因為花在綻放之前「歷經艱辛」，而這樣的經歷正是新生的契機！花海的明豔色彩是「苦盡甘來的笑聲」，並且對於之前的一切承擔全不抱怨，只有對世界的熱愛、希望！ 「花海」正是青春的映照：人美麗如花，花也昂揚如人。花未開放時難免風吹雨打，人在成長當中也得努力承

擔、獲取動力，以迎來毫不愧疚、明麗燦爛的前程！

馮吉麗

不可缺少的「求」

王 媛

雲南省昆明第一中學二〇一二屆

　　虎嘯深山，魚翔淺底，鷹擊長空，駝走狂沙——萬物都有一片屬於自己的廣闊空間，供其盡情張揚獨特的生命。輕輕探問，你是否找到了自己的那片天地？

　　徐徐展開人生歷程的長軸，重溫成長的每一步，或許答案就能水落石出。

　　自你降生，便會尋找母親那溫暖的臂彎和香甜的乳汁。生物學家告訴我們，那是一切生物都具有的本能，是一種與生俱來的求生欲。你開始把自己放得謙卑些，求得生存。「求」在生命的最初就已經不可或缺。

　　再長大些，你開始用自己的眼睛看世界。或許父母把你送進了幼稚園，你發現多褶的手風琴可以演繹多情的曲調；你發現黑白交錯的鋼琴可以將情感表達得酣暢淋漓；你發現「髒兮兮」的粉筆可以在黑板上寫出漂亮的方塊字，畫出栩栩如生的小動物。你的好奇心和聰明的小腦袋開始思考很多關於這個世界的「為什麼」，這些千奇百怪的問題不斷地讓老師和家長抓耳撓腮，不得其解。你的「為什麼」越來越多，年齡也隨之越來越大，也漸漸明白了很多「為什麼」。

　　你在尋找世界和自然，你在自己的人生路上探求著各種「為什

麼」。

　　在這期間，你的視野開闊了，見識增長了，心中善惡的尺規也漸漸明晰。人與人的悲歡離合、真心關懷以及無情冷漠、背叛讓你感知到了世事的無常和人情的冷暖。雖然還未徹悟「人生」的內涵，你已經開始求索生命的意義。

　　求索之路並非一帆風順，有許多事並不如想像中簡單，有些困難不是自己能夠應付得了的。在知識的海洋面前你自慚形穢，在困難的張牙舞爪之下你黔驢技窮。

　　你開始求學，以獲得更多的知識豐富自己的內在；你開始求援，以贏得更多的朋友武裝自己的實力。經歷迷惘和失落、堅定和支持，你愈加謙遜內斂、溫文爾雅，因為「求」讓你明白「滿齒不存，舌頭猶在」。

　　你的求索被人們認可，由此你收穫了無數的掌聲、鮮花、讚美和與之捆綁銷售的期盼。但是你明白掌聲會停止，鮮花會凋謝，讚美會過期，期盼會轉型，這並不是你尋求的那一片天地。你想要親手造夢，讓精神得以休養，讓靈魂得以舒暢。之後的人生路上，你為自己寫上了求職、求愛、求完美的關鍵字。

　　縱觀你的一生，就是一個不斷追求的過程，從求生、求學到求完美，一直在漫漫人生路上求索人生的意義，讓自己的生活充實，從肉體到精神享受到無拘無束的自由和奮鬥後的滿足。

　　「求」從你的本源就與你相依相偎，一直伴隨你到生命的終點；新的生命伴隨著「求」再次降臨於世，周而復始，世間也就有了勃勃生機，有了科技的進步，有了文明的延續。

　　進食以求溫飽，讀書以求知識，誠信以求實際，客觀以求公正，孜孜不倦以求本源生活，這些與「求」密不可分，因為「求」在生命的最初就已經不可或缺。推之而得，「求」是「生」的必需品。

　　人生在世，總要有一個專屬自己的天地。有時它可望而不可

即，卻不能阻擋對它的遐想；有時它被你緊握在手中，得以張揚生命的絢麗。那片天地，是「求」的解。

求生，追求一個活下去的方法，讓生命延續；

求學，追求一個活得好的方法，讓生命充實；

求完美，追求一個活得值的方法，讓生命無憾。

「求」是這卷長軸的中心語，一切都以它為中心展開。失去了「求」的長軸，就失去了生命力和重溫回味的意趣。很幸運，求得的解正是你預期中的結果，並不意味著你不再需要追求，在你前方的遠山或許還有更加美麗的風景；很不幸，你求得的解並不是你當初的那個夢想，但是你依舊擁有追求的權利。

無止境的追求，追求活下去、活得好、活得精彩。

文章觀點獨到，內容厚實，結構嚴謹，平中見奇，表達了青年學子對人生和社會的思考，具有激揚上進的情致。以「不可缺少的『求』」立題，賦予了「求」深廣新穎的含義，見解不俗。以時間為序，深入剖析，縱橫論說；行文嚴謹，可見文章起承轉合的運用十分自如。

張　靜

喚回自己

劉珊珊

雲南省昆明第十中學

（現就讀於雲南大學）

據說，南美洲的土著人有一個十分奇怪的習慣，每走一段路，就要喚一聲自己的名字。土著人說，為了防止靈魂跟不上軀體的行動，他們必須以此來喚回自己。

最初聽到這個故事時，我有些哭笑不得。我難以理解：為什麼走一段路，喊一聲自己的名字，便是喚回自己、喚回靈魂了呢？當然，我相信這也是大多數浸染在二十一世紀那「用科學說話」的大時代背景下人的感受。可我在看到故事後面的一段話後，改變了一些看法。這段話是一位哲學家說的：「每個人都是自己命運的建築師，只有不斷喚回自己，才能使自己的生命攀上高峰。」

喚醒自己，抑或是喚醒靈魂？我靜心想了一會兒，喚回自己是為了什麼？換句話說，是什麼讓我們必須時刻喚回自己？「貪念」這個詞立刻閃現在腦海。

對任何人來說，「貪」這個詞都不陌生。只要談起貪官，人們恨之入骨。自古至今，代代不乏其人。秦代有 君改詔的趙高，唐朝有「一人得道，雞犬升天」的楊國忠，明代有權傾朝野的魏忠賢。可要舉那貪官名人，和珅算是獨佔鰲頭了。和珅的出身並不低，若要細究，也算是名門大戶。他的父親是八旗軍內的副都統，也是正三品大員。而他自身官運亨通，頗得皇帝歡心，被委以大權，直至

出任宰相。和珅並非無「財」，他青雲直上的過程中也任過多種「有油水可撈」的官職。這樣的人歷朝歷代並不少見，少見的是他那令人欽佩萬分的貪念，肆無忌憚地向官員索賄，甚至形成了「和相專權，補者皆以貲進」的局勢。而被抄家後，僅是夾牆中所藏便有金三萬餘兩，更別提那些數不清的租地、玉器庫了。

其實，拋開其他因素不談，若和珅每升一級官，便自省一番，試著喚回自己的靈魂一次；若他每承一分聖恩，便自律一回，試著換回自己的良知一次，或許他的貪念不會增長得如此瘋狂，或許他的生命也不會終結在一條白綾上。我們雖不能如清寺中的方丈靜心脫塵，但我們可以試著在走出每一步路後，都呼喚一次自己的靈魂，讓貪念的方向從金錢地位轉向充滿鳥語花香的世間大愛。

人生路漫漫，走幾步路，請呼喚一下自己的靈魂，讓最初的純淨陪伴著我們，直至走到生命的終點。

文章標題清新，立意深刻，內容生動，論說自然有力。物欲橫流，自我迷失，既是社會現象，也是人性弱點。小作者一聲「喚回自我」，似當頭棒喝，其勇氣和赤誠，足令世人讚歎。所用材料雖為人所熟知，但卻在作者的語境中透出新意，尤其是開頭一段，寫得別致深遠，而又直入題旨。

崔　雲、戴慶華

我的鄉愁

吳 永

雲南大學附屬中學二〇一二屆
（現就讀於江蘇大學）

「小時候，鄉愁是一枚小小的郵票，我在這頭，母親在那頭……」在余光中先生的眼裡，鄉愁是妻子，是母親，是祖國。

而在我心中，鄉愁是那一座養了我十餘年的城——昆明。雖是未曾離開家半步，但心中早已被濃濃的鄉愁縈繞。

我的城正處於無間斷的「治療」與刪改之中，我的城一直在遭受著「治療」與刪改。

這樣的做法，也許是城市進步與發展的必然。然而，我們該思考的是，不是所有「治療」與刪改的目的都是為了發展，也不是所有「治療」與刪改的結果都是成果。

在歲月的沉澱中，時間的沙漏像流水般滑落，唰唰的。心底猶存童年時清清河畔邊的小草，澄澈的小河裡魚兒歡快地嬉戲，再聞一聞花香的味道，那風掠過耳際……然後再朝著太陽的方向，瞳孔裡滿是充滿希望的曙光！只知道那時，很快樂，很快樂……因為要進步，因為要發展，那曾經彌漫在空氣中的泥土的芬芳早已不在，剩下的只有那滿是灰塵的濁氣。土牆泥瓦早已被混凝土鋼筋取而代之，高過房屋的參天大樹早已寥寥無幾，江中的魚蝦也已被漫江的水草吞噬，水草塗綠了江心、弄濁了江水，古跡名勝被現代建築重重包圍……

繼而我已長大，禁不住流年的變動，一些化了妝的面容，已抹殺了那一道道我曾為之感到幸福而驕傲的風景。我觸不到那綠樹成蔭，聽不到那小河叮咚，聞不到那花香濃鬱，感受不到愜意春風，只有童年的記憶仍閃爍在腦海中。

　　鄉愁，是乾澀的眼，而城市的「治療」與刪改則是那抵不過的夾帶著灰塵的寒風。當你揉著雙眼的時候，城早已改變，無法阻止，更無力阻止。

　　這鄉愁是對記憶的蹂躪與抹殺。那天地相接的界線，早已變得不再清晰明朗；高樓大廈平地而起，一個勁地朝著雲端伸展；地下被掏空，城市被掏成殼，沒有了靈性。

　　一次又一次的重修重建，一波接一波的道路整改，將這座城變窄了，變得擁堵不堪。寬闊馬路成了鄉間小道，和諧之城成了「堵城」。刪刪改改，改改刪刪，這樣的趨勢，即使「憑寄還鄉夢」，也未可「殷勤入故園」。鄉愁何以寄，故園已故去。

　　參天之木，必有其根；繞山之水，必有其源。追根溯源，必得其理。可是，我的城，到了最後，剩下來的有來歷可言且可考證的也就只有它的名字了吧！自李唐盛世而生，帶著歲月之痕，鑲嵌於詩詞歌賦之中且一直可見的，也怕只有這座城的名字了吧，也只有它能輕輕盛放那纖弱的鄉愁。

　　鄉愁是有靈性的，而她的靈性需要一座有底蘊的城來將其孕育。但因城市的被刪改與「治療」，鄉愁，只能在僅兩個字的城市名字上蜷縮入眠；鄉夢，只能從此而入。

　　夢裡有故園，鄉愁不再是乾澀的眼。我的夢，希望不再被這鄉愁縈繞。

本文可取處主要在題材和立意上，作者用輕細的筆觸，呼喚經濟發展中的青山綠水和城市建設中的文明和諧，其內容確能引起人們的思考和共鳴。構思巧妙，結構嚴謹，語言簡潔典雅。

雷彤雲

我勸天公重抖擻

羅墨軒

雲南省昆明第十中學高二年級

天視自我民視，天聽自我民聽。

——題記

道光年間，一位失意的書生緩緩從帝都離開。秋風瑟瑟，烏雲密佈。

他眼神中充滿憤怒，憤怒於官場的黑暗；他哀怨中充滿無奈，無奈於皇帝的昏庸。最後，他提筆寫下「我勸天公重抖擻，不拘一格降人才」的千古名句，其中的正氣迴蕩在乾坤間。

然而，我在品味這句詩時，對龔自珍的「幻想」表示遺憾。顯然，他的「天公」指的仍是位居高位的九五至尊。明知當朝聖上是扶不起的劉阿斗，還對其有所希冀，不是讓人覺得可笑嗎？

縱觀歷史，力圖喚醒國君，對舊有體制進行改革的忠臣不在少數，而其中能出師有捷的人則寥若晨星。失敗者中如王安石的，是生前遭到打壓，遍體鱗傷；如張居正的，則是死後受到清算，身敗名裂。或許有人要問，這些皇帝難道個個昏庸，個個無能？不，他們對自己手中握有的權力清醒得很，只要能維護一己之私，就對改革者鍾愛有加；但只要觸犯自己的既得利益，就立即變為頑固的反對派。因此，商鞅對秦王說帝道，做無為之君，他無動於衷；對秦王說王道，做有德之君，他昏昏欲睡；最後對他說霸道，做集權之

君，他就忘乎所以。

既然，喚醒君主，改革社會的努力是徒勞的，那麼該勸誰「重抖擻」呢？其實，「天意」則是「民意」，人民才是舞臺的劇作者，人民才是遮天大樹所依賴的土壤。

在中世紀末的鐘聲敲響時，西歐的封建社會已走向窮途末路，裡裡外外都彌漫著令人窒息的臭氣。部分有志之士在陽光照耀下已經覺醒，力圖喚醒社會，變革國家。那麼，找誰來實現自己的偉大抱負？這些人沒有選擇「了卻君王天下事」，而是走到人民群眾中奔相走告，盡力講學。前有霍布斯高呼軍權人授，後有狄德羅舉起科學之旗。一場又一場猛雨洗去心靈的愚昧，一陣又一陣驚雷驚醒了睡夢中的人們。理智的燭光在人們腦中亮起，民主之花在群眾心中綻放。最終，人民自發地站了起來，爆發了法國大革命，歷史的車輪將專制與黑暗碾得粉碎。

「九州生氣恃風雷，萬馬齊喑究可哀」。風暴雷霆般的改革是社會前進的動力。但君主不是改革的領頭羊，人民才是變革的主力軍。變革依靠人民，社稷才會改變；覺醒來自人民，文明才能復興。

與其「勸天公」，不如「喚人民」。

作者思想深刻，眼光如炬，以富於思辨的才智，論說了一個重大的社會課題，表達了對歷史、現實和未來的思考。殷殷之情，溢於文外。文章內容充實，有感而發，由淺入深，首尾照應，以小題寫大文，可謂此文的特色。

戴慶華

愛的轉身

陳卓文

雲南省昆明第十中學

　　我一直相信一種說法，今生的每一次擦肩而過都是由前世五百次的轉身回眸所換來的。那麼你願意聽我講一個故事嗎？一個關於愛與轉身的故事。

　　故事裡的女孩是我的外婆。外婆嫁給外公的那一年剛滿十八歲，當外公掀開外婆的紅蓋頭，外婆一轉身的一那，她才第一次見到要跟定一輩子的那個人。

　　也許還沒有愛，也許萌發了微弱的愛，外婆為了完成父輩的婚約，死心塌地地跟了外公幾十個春秋冬夏。不經意間一轉身，外婆的滿頭青絲竟熬成了銀白色。

　　當我最早聽說外婆嫁入外公家的故事時，竟頗為懷疑。沒有愛情的婚姻如同熬一鍋粥，火候不夠則貧乏無味，過了火則成了煎熬。當然，幼年的我並沒有如此深奧的想法，只是單純的好奇驅使我問外婆：「外婆，你愛外公嗎？」「別瞎說，傻丫頭。」外婆語言略帶慍意，可眼中卻溢滿溫柔。眼中的笑意裡藏著若隱若現的羞澀，布滿皺紋的臉頰上竟浮過一絲不易察覺的紅暈。

　　我當時想，外婆定是愛著外公的吧。可幾天後一個驚人的發現卻如同一場大火將我天真的定論焚得一乾二淨。

　　那天我和外婆擠在大床上睡午覺，外婆醒後留下了獨自一人的

我。

　　我哪閒得住，只好到處瞎翻，不料卻翻出了這個——幾張紙頁泛黃的書信。我試著讀了幾行，哈！原來是一封「不一般」的信。但令人出乎意料的是，這封情書末尾的署名不是外公，而是幾個陌生的字眼兒。那幾個帶著墨香的娟秀的筆跡堅定不移地佇立在信紙上，突然化作一大盆陳年的墨汁從我頭頂澆下來，把我淋了個手足無措。我捏著書信的一角呆呆地站在地板上，慌張不安像決堤洪水向我襲來，原來外婆不愛外公。

　　當天晚飯桌上，我面對外婆準備的一桌子飯菜毫無胃口。外婆怎麼忍心欺騙了外公幾十年？外婆細心地幫外公夾菜，我心裡卻複雜得像一團亂麻。胡亂扒了幾口白米飯，我還是忍住了已經到唇邊的真相。

　　終於，在外婆到我房間講睡前故事時，壓抑了一天的情緒還是爆發了。我帶著哭腔把事情一五一十地告訴了外婆，沒想到卻換來外婆的一句：「唉，傻丫頭！」

　　「那外婆還愛外公嗎？」

　　「愛與不愛，因為婚約一輩子，少一個時辰都不行。」

　　幾天前我又去看望了外公外婆，兩位老人在川流不息的馬路邊，外婆習慣性地一轉身，牢牢地牽住了外公蒼老的手。我突然釋然了，這一刻愛與不愛已經不再重要。

　　外公與外婆的愛是無奈的，也許外婆心裡還住著另外一個故事裡的人兒，也許外公早已預料到這個故事的結局終究與愛情無關，但外公許了外婆一輩子的承諾，外婆也就無怨無悔地跟了外公一輩子，一個時辰也沒落下。

　　愛也好，不愛也罷，兩位老人就這樣相互依偎、相互攙扶著走過了大半輩子的靜好歲月。

　　這個故事還未謝幕，我已料到了結局。也許有一天，外婆會親

自翻出那封泛黃的書信，把她的故事講給曬著太陽的外公聽。外公會緩緩地轉過身來，與外婆相視而笑，莫逆於心。

然後外婆也許會說：「老頭子喲，莫笑了，今兒個娃娃們要回家吃飯，我們去準備準備。」

「愛的轉身」透過一個女孩的眼睛，讀懂了外公、外婆的婚姻和人生，為我們解說了愛的多重含義。文章敘事生動流暢，描寫細緻，文筆起伏而有張力。心中的疑慮和現實的反差，心中的擔憂與真相的衝突，使文章頗具情趣和哲思。多少人信奉的「沒有愛情的婚姻必然不幸福」的所謂真理，在現實中變得多麼蒼白無力，作者要告訴我們的是，生活複雜多樣的事實，是不可以被事先定義的。

戴慶華、崔　雲

風雨中，我的獨白

陳卓文

　　我哥從新加坡回來的那天正趕上昆明冬天的第一場雨。白天整個城市積累下來的廢氣粉塵被突如其來的雨水砸出一股腥臭，那或許不是腥臭，而是這個城市卸下偽裝後最原本最真實的腐朽氣味。

　　天氣惡劣，航班理所當然的晚點。我和沾親帶故的一大家子人倚著候機廳海藍色的座椅看著手錶時針轉了兩圈半。氣氛有些沉悶，一家人好不容易團聚的原因竟是為老哥接機。呵，這本就不應該成為一個喜慶的迎接儀式，當初哥向大學遞了退學申請，不顧家人反對，硬是漂洋過海到了新加坡。他說，老妹呀，等你哥闖出世界了回來帶你瀟灑。他倒是瀟灑地帶著全家人的希望闖出去了，如今卻無法瀟灑地回來。我盯著冰冷的落地窗，耳旁充斥著機械的雙語播音，從黃昏到燈火闌珊的深夜，從暴雨到綿長不斷的小雨。雨水砸在落地窗上，像是拼盡全力想要擠進溫暖候機廳的魔鬼，可是任憑它摔得頭破血流也只能乖乖地妥協，沿著玻璃走到生命的盡頭，或淌進髒臭的下水道，或被飛馳而來的轎車碾得面目全非。

　　我就是從落地窗中看到老哥的，似乎不是他，但似乎就是他，他消瘦的身子的倒影被雨水砸得有些變形。他竟瘦了那麼多。

　　喔，我哥回來了！雖然用感歎句，但心如一潭止水，平靜得看不見一絲一毫波瀾。或許是旅途太疲憊，或許是下雨天太沉悶，哥

的身上總帶著一種無法狀物的陌生，他削得很短的規矩寸頭，他下巴上隱隱約約的青色鬍渣，他打的花花哨哨的耳洞──一切又似乎很熟悉。這些都是生活的痕跡、歲月的烙印啊，哥闖蕩的兩年時光裡似乎什麼都改變了，又似乎什麼都不曾改變。

他用手指揉過我的頭髮，說：「走，吃燒烤去。」我分明感受到，哥的手上生了老繭，還有隱約的煙草味──原來哥學會了吸煙。

雨一直在下，午夜的街市少了往常的嘈雜，只有街邊的燒烤攤上還冒著些煙。我們坐在紅色塑膠大傘下，腳邊的磚被雨水浸得有些不穩，潮濕的陰冷氣息爭先恐後地從縫隙中鑽出來。

哥從口袋裡摸出根煙，打了好幾次火才點燃。我看著曾經桀驁不馴的老哥眉宇間少了幾分銳氣，生活啊生活，你竟可以將意氣風發的少年折磨成淪落天涯的落魄斷腸人。我們敢去奮鬥敢去闖蕩，因為我們年輕，可是這種以年輕為賭注的拼搏，成功之人有幾何？我們只看到光鮮的少數成功者，但誰在意過那些盲目努力卻碌碌無為終而一無所有的泛泛之輩呢？努力也要有方向和明確的彼岸，否則收穫只有滿目的荒蕪。哥揮霍了大把大把的青春，換來的卻是滲著悲涼的空白。

哥的煙燃了一半，我問：「那你為什麼要回來？」他眯著眼笑笑：「在外面漂久了，總是要回家的，你還不懂……」雨突然下大了，狠狠地砸在紅塑膠傘上，哥後面的話便淹沒在了潮濕的雨聲裡。

可是哥的聲音卻一直模模糊糊重複了一遍又一遍：

「在外面漂久了，總是要回家的。」

是啊，每個人都得找個港，一個在你累了、倦了、不想再走下去的時候願意收容你和你的心靈的地方。而家，正是這個終身免費停泊的港灣。

哥，回來吧！我們所有人都等著你回家呢。

煙快燃盡了，哥把它扔在地上，雨水立馬洶湧而來。煙頭的微弱火星掙扎了幾下便熄滅了，徹底熄滅了。

黎明大概快要來臨了吧。

那麼，雨很快就會停了。

「風雨中，我的獨白」按時空順序，敘述了一家人雨夜到機場接作者老哥的所見所聞和所思所感。通過老哥離家前後的變化、失落和最後選擇回家的故事，為我們記錄了作者對人生的至深的感觸和思考。文章語言清新脫俗，描寫角度新穎，別開生面，不乏深刻冷峻之處。比如開頭的描寫：「白天整個城市積纍下來的廢氣粉塵被突如其來的雨水砸出一股腥臭，那或許不是腥臭，而是這個城市卸下偽裝後最原本最真實的腐朽氣味」，頗有批判現實主義的意味。而和老哥吃燒烤的一段卻寫得蒼涼冷峻：「哥從口袋裡摸出根煙，打了好幾次火才點燃。我看著曾經桀驁不馴的老哥眉宇間少了幾分銳氣，生活啊生活，你竟可以將意氣風發的少年折磨成淪落天涯的落魄斷腸人。我們敢去奮鬥敢去闖蕩，因為我們年輕，可是這種以年輕為賭注的拼搏，成功之人有幾何？我們只看到光鮮的少數成功者，但誰在意過那些盲目努力卻碌碌無為終而一無所有的泛泛之輩呢？努力也要有方向和明確的彼岸，否則收穫只有滿目的荒蕪。哥揮霍了大把大把的青春，換來的卻是滲著悲涼的空白。」如此生動辛辣的文筆，稍加努力，何愁不成南溟之魚，化鵬而飛，盤旋扶搖直上而呈青雲之志。

戴慶華、崔　雲

我們錯怪了網路語言

陳卓文

　　如果說網路是一個時代的濃縮，那麼網路語言則是這個時代畫龍點睛的一筆，毫不留情，一針見血。

　　沒錯，網路語言毫不留情、一針見血地將社會解剖成參差不齊的碎片，像廉價促銷品那樣陳列著，供人們品頭論足。我們可以看到光亮的部分，但更多地充斥著我們視網膜的則是社會的種種無奈與悲哀。

　　「真的猛士，敢於直面慘澹的人生，敢於正視淋漓的鮮血。」網路語言堪稱「真的猛士」。它們行在社會輿論的邊緣，深味著世界的明媚與黑暗，並將這些赤裸裸的社會現實呈現在我們眼前──呈現在成千上萬的苟活者眼前。可不料，自己卻身陷泥沼無法自拔，被用愚昧來形容也不為過的苟活者們唾棄玩弄，落得個身敗名裂的下場。

　　唉，網路語言啊，你是怎樣的悲痛者和幸福者呢？

　　專家、學者說：「你是文化的災難。」老師、家長說：「你是孩子思想的隱患。」我在想，你到底是犯了怎樣十惡不赦的大罪，才會得到此番非人言語的懲罰。你只不過講出了我們不敢說的話罷了，卻受人之迫在夾縫中苟延殘喘地生存。

　　網路言語哪，也許我們都錯怪了你。

當你目睹了那輕狂少年開奔馳撞傷數人，年輕的生命無辜地被牽連而殞逝時，你發出了「我爸是李剛」的感慨。你的一句「我爸是李剛」不知喚醒了多少沉睡千年的庸人，他們開始覺醒，開始審視社會，像有責任感的公民那樣譴責社會的不公平和政府官員的卑劣惡行，這都是網路語言的功勞啊！

它將悲憤化作網路語言，喚醒人們的良知是非，祭於逝者靈前，一方面給那隕逝的靈魂一些安慰，讓她看到微茫的希望，另一方面讓苟活著的世人們睜開久閉的雙眼，用正義和責任感感化社會黑暗荒蕪的死角，讓世界接受清新透徹明媚的陽光的普照。

我問過許多人對網路語言的態度，他們的回答如出一轍——中立。我也曾質問過自己，對於網路語言的氾濫究竟持有怎樣的態度。我也很想像大多數人那樣秉承中庸之道，但我眼中的一切事物非善即惡，非惡即善。雖然善與惡的邊界有時模糊，但網路語言在我心中，至少到現在為止，它是善的。有誰敢否認「犀利哥」的出現沒有使我們對弱勢群體更加關注嗎？又有誰不承認「哥抽的不是煙，是寂寞」營造出的文學效果給國人創作靈感上的啟迪呢？

可悲的是，在所謂的文人學者的誇張渲染之下，網路語言竟淪落成學生思想墮落的替罪羊，被大肆攻擊，沉默的網路語言欲哭無淚，難道它會在流言蜚語中燃成灰燼，在沉默中滅亡嗎？

不，因為它擁有我，和成千上萬個像我一樣擁護它的人。

主啊！我們都錯怪了網路語言，請求你允許它重生，讓它帶領我們觸摸那明媚但有陰暗面的真實社會吧！

網路語言，我頂你！

「我們錯怪了網路語言」是一篇頗具思想和見解的時論文章。作者在文章中所表達的敏銳洞察力，為我們看待網路語言提供

了客觀公正的思考和清醒的認識。網路語言雖然泥沙俱下、優劣雜陳，卻讓我們看清了社會的真面目，看到了民族的希望，聽到了民眾的心聲。這對於希望生活在真實世界裡的年輕一代來說，是何等的珍貴。文章觀點明確，語言犀利，說理透徹而激情飽滿。「唉，網路語言啊，你是怎樣的悲痛者和幸福者呢？」既一針見血地道出了網路語言的現實處境，也表達了對網路語言的深情頌揚，而最後一句「網路語言，我頂你！」借時代的語言，宣誓般的豪情表達作者對網路語言的堅定支持。

戴慶華、崔　雲

智 齒

呂絢黎

雲南省昆明第一中學二〇一四屆

一

十四歲時我長出了第一顆智齒，智齒有個圓潤的尖，頂得我牙齦生疼。

我決定把它拔掉。當牙醫的手術器械觸碰到溫暖的口腔時，一陣冰冷迅速撞擊著我的牙床，刺得我合上了嘴。牙醫眯著雙眼對我說，其實你不必拔掉它，過幾天就不疼了。我閉上眼睛，再次睜開時眼睛已有些許濕潤。我咽了咽唾沫。

「——拔。」

二

中巴車帶著沉重的喘息一路顛簸，當我胃裡的物質快要被顛湧上來時，它終於停在了村口。

皺眉的一瞬間，我斜眼瞟見了村口石牌坊上笨拙的原始的字跡——「小河村。」三婆笑盈盈地接過我的行李。我看著被泥水浸透了看不出本色的劣質柏油路交錯著拖拉機輾過的車轍，在毒日下閃著污濁的光。

這注定是一個無聊又漫長的假期。

對，不僅如此，一直以來所有的日子都是漫長無聊的。十四歲孩子在青春的漩渦裡找不到方向，青澀蛀蝕著敏感的心。朋友間的

關係維繫微妙得像張細密的漁網，稍稍一動，便會糾纏不清，被打上「孤立」的痕跡。更戲劇性的是，我在舞蹈考級的前一天拉傷了韌帶，那一瞬間的疼痛和著積蓄已久的情緒噴湧而出，沒有淚，只有略微發酸的鼻子和濃重的憤怒、焦躁。鋼筆的筆尖不知乾了又濕了多少回，始終沒有落到書本上。

　　夏天的雨沒完沒了，綿延的雨聲讓我耳鳴。一滴較大的雨滴落在窗上，蜿蜒流下，裏挾著其他雨水，形成一道彎曲的淚痕。我從玻璃上看到了站在身後的母親，她小心翼翼地問道：「去你三婆家玩兩天吧！」

　　也好，至少可以暫時遠離這座城市。不過，當我站在村口時，我意識到這裡也一樣糟糕。

三

　　村子裡唯一景色不錯的是那片湖。夏天的湖水像深海宮殿裡的矢車菊一樣發藍。傷病不允許我隨意走動，我索性每天坐在湖邊曬太陽。閉上眼看血液在眼皮中流動時的淡紅，猛一睜眼，陽光劈頭蓋臉地壓下來，整個世界化為一抹亮白。

　　天空北面升起一縷青煙，如鎖鏈般連接天地。大片行雲一如既往。我大口大口地呼吸，總感覺有一股看不見的力量讓我窒息。我隱約發現內心缺失了某塊東西，那塊地方變成了徹徹底底的空白，卻始終膨脹在我的痛覺裡。

　　智齒就是在這個時候長出來的。最初用舌頭去舔，是藏在溫柔中的一點堅硬。後來智齒壓迫著旁邊的牙齒，疼痛隨之而來。

　　醫務室的牙醫沒比我年長幾歲，一臉青澀，醫術也不是很嫻熟。

　　我咬著牙齦處的棉花，含含糊糊地說：「人長大了還會長牙？」

　　「那當然，每個人都會長智齒的。」

　　「每個人？」

「是啊，智齒這樣的痛，是躲不掉的必修課，所以啊，你真的沒必要拔掉它，耐心地等待幾天，一切都會好的。拔掉它，是不是比之前疼痛很多？」

他絮絮叨叨，不停收拾著那些金屬刀具，發出清脆的聲音，而我，呆住了。

我面對的這一切何嘗不像長智齒呢？然而我卻未想到過要心平氣和地等待。我竭盡全力在疼痛中不安而焦躁地掙扎著，直到筋疲力盡也收穫甚微，似乎被這種濃重的創傷包圍得更緊更緊，壓到無法喘息。從始至終，我像是一個懦弱的小丑，自導自演了一場無人觀看的舞臺劇，我竭力想迴避的痛苦在無法迴避地降臨。我一直以為故事的結局掌握在那個未知的幕後人手中，殊不如，那個幕後人便是我自己。是的，徒勞的焦躁只會讓我失去更多。或許當我的生命感知到我已在痛苦中蛻變，時間就會讓傷疤在朝夕間消失於膚色之中吧。而我唯一確定的是，時間是不會遲到的。

我感覺到我的眼角溢出了某種液體。牙醫把智齒清洗乾淨，放在一個小盒子裡，拍拍我的肩，鄭重地遞給我。

原來，成長不過如此。原來，我需要的只是坦然地等待而已。

我用袖子擦乾眼角，牙根的灼痛刺激著我的神經。我安然地享受著，似乎比拔牙前更痛了，似乎也沒那麼痛了。智齒上圓潤的棱角，沒有想像中那麼尖銳，怎麼會帶來銘心的疼痛呢？

只有我知道，我心裡的那個空白洞穴，恍惚間被填滿了。

四

媽媽來村口接我的時候，我緊緊地抱住她，輕輕說：「媽，謝謝你。我想我很坦然了。」我看見她眼中濃濃的憂慮瞬間被微笑取代。

汽車啟動時，我看見了出診歸來的他。我又一次拿出了那盒子，裡面的智齒依舊是冥頑不靈的模樣。成長真的就像一顆智齒，

是無法逃脫的痛傷。總有一些人平安無事地度過了新牙生長期，可也總有一些人記住了智齒的疼痛，留下了一個漆黑的窟窿。儘管如此，那窟窿總有一天會癒合為粉紅色的牙床，所有人都會痊癒的，對吧？生長在青春裡的朦朧與無知，需要的只不過是坦然罷了。

因為——時間不會遲到。

天光樹影。

這是一篇充滿智慧的文章。智齒的隱喻，困難面前的優雅轉身，文章的敘事機制，都透著靈氣與智慧，對語言文字的駕馭也屬上乘。張弛有度的表達、貼切的用詞，於經意與不經意間流露出文學功底。

趙　露

有你在，燈亮著

徐子媛

雲南省昆明第十中學
（現就讀於天津外國語大學）

你為我點亮了燈
燈為我照亮了路
路為我指明了方向
卻發現我的方向——
是你

——題記

自走入這個世界，有多少快樂，便有多少不如意纏繞身旁，彷彿一群群黑暗的惡魔肆虐著，吵鬧著，遮天蔽日，驅逐了光明，讓黑暗如巨大牢籠般籠罩束縛了我，無法前進，甚至連呼吸都困難。每當這時，我胸膛中的你——璀璨如啟明星的你，便迸發出那樣無所畏懼的耀眼光芒，如聖潔的天使張開了美麗的雙翼，緩緩包圍溫暖了我，重新點亮了心中搖曳的燭苗，讓我能夠從這黑暗束縛中掙脫，繼續前行。

我會時常害怕，害怕哪天我睡一覺醒來便找不見你的身影，害怕哪天摔一跤而將你遺落在異境裡，害怕失去你後再次迷失在黑暗裡，或是當黑暗濃得如那化不開的煙時連你也被玷污，從此墮落。

於是我小心翼翼懷揣著你如世上最珍貴的寶貝，一步步艱難前行。而你也會一次又一次在我跌落荊棘叢時鼓勵我，在懸崖峭壁的

盡頭提醒我……即使前路是無涯的苦海，我也甘之如飴。因為有你在，燈亮著。

可是雖然有你的指引，路盡頭種種未知的恐懼卻還是會徘徊縈繞我心頭。也許終有一天，我們還是要分道揚鑣，你從此消失在天涯盡頭，留我獨自愴然，曾經的種種仍歷歷在目，卻已是鏡中月水中花。我無法撐轉命運的齒輪，只能任它帶我離你越來越遠……

但不管最終我們的結局如何，是你先灰飛煙滅，抑或是你我相伴一生直至終老，在那一天到來之前，我都堅信，只要有你在，你都會如守護神般守護著我心中的燈，照亮前方的路，指明前進的方向……因為我發現，原來你——我的夢想啊，就是我的方向。我的夢想啊，有你在，燈亮著。

有人說夢想是豐滿的，現實卻是骨感的。我不曾反駁，確實，因為這樣才能達到平衡。只有夢想豐滿了，生活才不會貧瘠。若連夢想都拋卻，那就真如同鋼筋水泥叢林中的行屍走肉了。就算不能實現，夢想的存在也發揮著不可小覷的力量，它讓無數人找到了靈魂歸所，它讓無數人走完了即使有憾仍不悔的一生。小到微不足道的個人，大到五彩繽紛的世界，都有權擁有夢想。若是夢想實現，那將是更加圓滿的人生，此生無憾。

夢想啊，有你在，燈亮著。為了能讓燈亮得更久一些，再久一些，讓我們鼓起勇氣面對自己，面對自己的夢想。夢想啊，之前是你像北極星一般守護著我，不管這世界如何變化；現在，換我做你的北極星，不管日月星辰，斗轉星移，都守護著你，始終如一。

文章感情豐富，內容充實，構思別致，語言清麗。小作者以飽滿激揚的抒情語調，細緻展露了對心中夢想的愛戀和守護，唱響了對夢想的婉轉讚歌。先不說「你」是誰，對其深情傾訴，

等情感渲染到呼之欲出時，才點明「你」就是夢想，這樣的構思行文可謂別致。文章因情而寫，情深意篤，自然語言清麗而富有感染力。這是一篇才情豐茂而不乏思想光華的文章。

戴慶華

歲月漂泊，唯愛恆久

魯 莎

雲南省昭通第一中學高二年級

遠去了金戈鐵馬的戰爭，隱去了亂世梟雄的豪情，淡去了硝煙四起的年代。留下我一個仰面花開的夢，踽踽獨行的路，萬家燈火的孤獨。

漂 泊

關了所有的燈，陷在回憶的城，為想念與流離燃起華麗的傷。

身處一個城市的萬家燈火，臨窗俯視車水馬龍的繁華，只因為年輕時應去遠方漂泊。

作為一個來到陌生城市求學的過客，在那段未被遺忘的海角天光裡，我還只是一個不諳世事、嘟著嘴與父母爭吵的小女孩，而此刻閃爍的燈光，呼嘯而過的車輛，讓我停住眼淚，才敢開始思念。

有一種聲音很輕很輕，你卻不能承受。那是什麼？

那是伴隨破曉而來的第一米陽光，在枕邊輕輕喚你的乳名；撥開你惺忪的睡眼，在你的額頭落下一個吻，在你睜眼的那一剎那消失不見，塵世漂泊。堅強的你只在這一刻才顯露出孩童般的無助。

那是伴隨夜幕降臨，漫天星光乍然逝去，一輪明月高掛，恍惚又見到父母的笑靨。我迫不及待要去擁抱，之後是徹骨的涼。月光輕輕撩起我回憶的前奏，於是驚動了我的思念，排山倒海。

憧憬煙雨江南，又輕歎明月何時照我還。

渴望碧海藍天，燭光中又夢見遙遠的家！

遠去了塵世漂泊的無奈，隱去了歲月流浪的苦澀，淡去了人生起伏的悲喜。這世上，總有一盞燈為你長明。

回　家

我逆著光，還看見母親伸出的雙手，漏過了陽光的溫暖將蹣跚學步的我擁入懷中。

我逆著光，也還清晰地記得父親手上淡淡的煙草味，在我跟母親打小報告——他又喝酒時，滿屋子地追著我跑，但揚起的手最終只在我的鼻尖一劃而過。我驕傲地抬起頭，觸到父親寵溺的微笑。

然而歲月帶走了他們天真的孩子，當我們自豪地指天而誓要用一生報答他們時，轉身又將他們拋棄在了沒有兒女承歡膝下的百年孤寂中。

多年以後，我們將面對一方矮矮的墳墓追悔莫及。作為子女的義務，就是凝住眼淚送他們安然離開塵世，即使心中有太多撕心裂肺的痛楚和遺憾，有太多的誠懇的禱告和今世重生、下世輪迴的期盼。可是，只有緣定今生。

我們愛著，我們哭著，我們思念著，在今生與父母漸行漸遠，卻又無可奈何。

時間的概念，無非是模糊了淚水，斑駁了記憶，將一杯微涼的水一口飲下，用今後塵世漂泊的日子祭奠唯愛恆久的含義。

這世上，總有一個夢為你守候。

這世上，總有一片藍天將你溫柔擁抱。

這世上，總有一段光陰被你小心輕放。

這世上，總有一種愛，歲月漂泊，唯它恒久。

「歲月漂泊，唯愛恆久」是女兒呈給父母的一篇愛的懺悔錄，是女兒呈給父母的一首愛的讚美曲。

文章以漂泊——回家為線索，用深情的筆記錄著父母對自己細碎濃鬱的愛，也帶著悔恨剖析了自己的憾。「漂泊」、「回家」的小標題很有深意：「漂泊」既是異地就讀時的身離故鄉，更是心離父母；「回家」則指漂泊異鄉的自己在遠離後心繫父母的情感變化。因為遠離才讓小作者感受到父母的愛、父母的情；因為心中總有父母的愛才能讓小作者走得更遠。

這是一篇情感真摯、結構完整的好文章。文章有詩一般的語言，「遠去了……隱去了……淡去了」的句式具有整齊和諧的音韻美，「那是……那是」、「我逆著光……我逆著光」、「這世上……這世上」的排段結構增強了文章的氣勢。

吳曉湖

品味瑕疵

趙敏涵

雲南大學附屬中學高二年級

雨水叩擊著屋簷，洗浴了這場裏雜著塵土的和風。誰說沒有陽光，日子就不會燦爛？你若能夠品味，雨也是另一種安然。

——題記

再美妙的畫作也會有墨筆用心不到的地方，再動人的樂章也會有一絲音律節奏的錯落不當，再晶瑩的美玉也難免會有一點一片的瑕疵，再青翠的大樹也會有枯枝敗葉的淩亂不雅。生活不是十全十美的夢境，每種事物都有自己的不足。

生命的美在於能夠品味瑕疵，欣賞自身的缺陷——畫作中墨筆的濃淡不勻或許是作者的另一種安排，樂章中音律節奏的錯落不當或許是獨樹一幟的風格表現，美玉中的瑕疵或許是歷史積澱下來的珍藏，大樹上的枯枝敗葉或許是含淚化為春泥前再看世界的最後一眼。

金無足赤，人無完人。即使再力爭完美的人也會有些許的瑕疵。既然無法讓溪流洶湧澎湃，就讓它更加清澈澄淨；既然無法讓灌木高聳入雲，就讓它綠得更加可愛；既然無法讓夕陽存留更久，就讓它紅得更豔更迷人。只有能夠品味瑕疵的人才能夠品味生活，感悟生命。更何況，上帝為你關上了一扇門時，也會為你打開另一扇窗。或許失去了門，你的風景少了許多，但為何不看看窗外？也

許那裡，會更美更晴朗。

如果只會一味感慨，一味埋怨上蒼的不公，一味緊抓瑕疵不放，又能爭取多少改變的餘地呢？既然如此，何不換一個角度換一種眼光，把瑕疵視為一種激勵，把瑕疵視為一種新穎的美麗，學會利用瑕疵，愛上瑕疵？就像海倫失去視力愛上光明，就像貝多芬失去聽力愛上聲音。

看吧，瑕疵會讓你循著傷口的地方看去，在損傷的血液裡找回那個真正完美的自己，然後一心一意，澆鑄心底埋藏的那個美麗的夢想。

相信我，一個音符的錯誤低沉不了樂章的恢宏，一片淡雲的出現污濁不了天空的純淨，一顆隕石的墜落黯淡不了整夜的星空。我們要努力登攀用完美締造的高峰。但是，當你無法避免地拾起了有瑕疵的石子，請微笑著收下它。因為，一個不懂得接納不足的人，擁有不了完整的生活；一個不懂得善用缺點的人，明白不了生命的真諦。

朋友，當你行走在人生的路上，千萬不要讓完美的笑臉模糊了前進的視線。一帆風順的生活和杳無人煙的深山一樣，淹沒了太多的美麗。接受那大大小小的瑕疵吧，待峰迴路轉之時，回首來時的路，你會發現，身後鋪滿了陽光。而你眼前，真心的追逐早已風乾了缺陷的塵煙。再看那遠方，也是一片未知的晴天。

這是一篇當堂命題作文，作者在有限的時間內，對日常生活中客觀存在而又不被人喜歡的「瑕疵」進行了品味，品出了新意，品出了見解，也品出了價值和意義，給人以有益的啟示。本文語言順暢，富有哲理，一氣呵成，不足處是內容稍顯空泛。

雷彤雲

CHAPTER **06**

描寫的
絢麗多彩

如何讓描寫絢麗多姿

尹宗義

（雲南省昭通市教科所語文教研員）

　　描寫可以交代背景，渲染氣氛，烘託心情，奠定基調，深化主題，推動情節發展，塑造人物形象等。在一篇作文中，適當進行描寫是至關重要的。一九三三年獲得諾貝爾文學獎的俄國作家蒲寧，特別擅長場景描寫。比如他的〈安東諾夫卡蘋果〉，就以三分之二的篇幅描寫秋天果園豐收的場景，奠定了歡快的、明朗的、清新的格調，成為這篇小說的一個亮點。

　　對於大部分學生而言，對一個事件、一種思想進行抒情議論，可以做到激情昂揚、文采飛揚、獨到精闢。但在敘事中進行具體描寫，由於學生沒有真切地感受生活，記敘、描寫總是乾巴巴的，沒有潤飾，也就沒有生機、沒有血肉。

　　如何進行描寫，其實是有規律可循的。首先，學生應該調動各種感官，去仔細、深入、獨到地觀察，甚至可以加入適當的想像、聯想，豐富感官的獨特感受。比如魯迅的〈社戲〉：

　　兩岸的豆麥和河底的水草所發散出來的清香，夾雜在水氣中撲面的吹來；月色便朦朧在這水氣裡。淡黑的起伏的連山，彷彿是踴躍的鐵的獸脊似的，都遠遠的向船尾跑去了，但我卻還以為船慢。他們換了四回手，漸望見依稀的趙莊，而且似乎聽到歌吹了，還有幾點火，料想便是

戲臺，但或者也許是漁火。

　　其中，視覺看到「月色便朦朧」、「起伏的連山」、「依稀的趙莊」、「幾點火」，嗅覺聞到「清香」，觸覺感受到「撲面的吹來」，聽覺聽到「歌吹」。全方位進行描寫，這樣才能豐富、具體、真實。

　　再如郁達夫的《故都的秋》：

　　北國的槐樹，也是一種能使人聯想起秋來的點綴。像花而又不是花的那一種落蕊，早晨起來，會鋪得滿地。腳踏上去，聲音也沒有，氣味也沒有，只能感出一點點極微細極柔軟的觸覺。掃街的在樹影下一陣掃後，灰土上留下來的一條條掃帚的絲紋，看起來既覺得細膩，又覺得清閒，潛意識下並且還覺得有點兒落寞，古人所說的梧桐一葉而天下知秋的遙想，大約也就在這些深沉的地方。

　　這段描寫，除了調動視覺、聽覺、觸覺來感受，還加入了想像與聯想，使得描寫獨特。比如我們觀察楊柳，看到細長的柳枝，我們可想像出多情、嫵媚的女子形象。通過想像與聯想，適當地虛構出一些獨特的內容，從而豐富描寫。

　　我們可以嘗試著訓練，全方位描寫一段「霧」的景。我們可以看到像輕紗的霧，也可以聽到霧飄過的憂愁，還可以嗅到霧中那股淡淡的哀傷，想像著睡夢中的朦朧等。

　　為了產生獨特的效果，我們在調動各種感覺時，可以有意交錯，動中見靜，靜中顯動，無中求有，有中化無，以及遠近、高低、大小相結合。

　　特別是將看到的景象用聽覺來表現，將聽到的用觸覺來感受。這些通感句子，在行文中鶴立雞群，會成為文章的一大亮點。比如朱自清的〈荷塘月色〉，大家記得最清楚的句子應該是：「微風過處，送來幾縷清香，彷彿遠處高樓上渺茫的歌聲似的。」其次，我們再來介紹描寫的第二個方法：大膽地運用各種修辭手法。

比喻、比擬、借代、通感等手法，最主要的作用就是形象、生動、具體。

如果我們在描寫時巧妙地運用這些修辭手法，就可以使描寫具體化、形象化。比如朱自清描寫荷塘的句子：

層層的葉子中間，零星地點綴著些白花，有嬝娜地開著的，有羞澀地打著朵兒的；正如一粒粒的明珠，又如碧天裡的星星，又如剛出浴的美人。微風過處，送來縷縷清香，彷彿遠處高樓上渺茫的歌聲似的。這時候葉子與花也有一絲的顫動，像閃電般，霎時傳過荷塘的那邊去了。葉子本是肩並肩密密地挨著，這便宛然有了一道凝碧的波痕。葉子底下是脈脈的流水，遮住了，不能見一些顏色；而葉子卻更見風致了。

作者運用了大量的比喻、擬人手法，在讀者面前展開了一幅幅具體、生動的畫卷，既直觀真實，又令人浮想聯翩。正是這些精彩描寫，才使得這篇散文經久不衰。

通過分析，我們可以概括出描寫的三個步驟：敘述─形容─修辭，即首先找到描寫的對象，鎖定觀察感受的內容，比如要觀察夕陽，去看它的形狀、顏色，去聽它回眸一笑，去觸摸它的悲涼等，然後再根據具體的感情基調，選擇適當的形容詞進行修飾，比如哀傷時，夕陽是泣血的；歡快時，夕陽是燦爛的。最後，加入修辭，使得描寫由表及裡，由形入神，步步深入。

在作文訓練時，我們可以通過句子擴展來訓練描寫能力。比如將「月亮升起來了」這樣一個極其普通的句子，通過使用形象詞、修辭手法，擴展成這樣一個豐富生動的句子：「月亮出來了，一彎亮閃閃的月牙兒，像一把銀打的鐮刀，從墨黑的山峰上伸了出來，又似一隻白玉盞，傾瀉出清水一樣的月光。」最後，我們再來談談細節描寫。在描寫中，一定要著眼於那些細微之處，以小見大，才能使描寫更具體。吳敬梓在《儒林外史》中對嚴監生臨死前「伸著兩個指頭」的描寫，契訶夫

在〈變色龍〉中對奧楚蔑洛夫幾次穿大衣、脫大衣的刻畫，朱自清在〈背影〉中對父親背影的描寫，都是細節描寫的典範。

　　所謂細節描寫，就是對人物的動作、語言、神態、心理、外貌以及自然景觀、場面氣氛等細小環節或情節的描寫。沒有細節就沒有藝術，沒有細節描寫，就沒有活生生的、有血有肉有個性的人物形象，就沒有以一孕萬、以小見大的神奇效果。它能有力地刻畫人物性格，揭示人物內心世界，表現人物細微複雜感情，點化人物關係，暗示人物身份、處境；它是最生動、最有表現力的手法；它看似閒筆，卻是作者精心的設置和安排。

　　一隻乾枯如柴的手伸到我的面前，上面刻滿了歲月的痕跡。我抬眼望去，是一位衣衫襤褸的老人。他那蓬亂的頭髮像積滿灰的稻草一樣堆在頭上，一張飽經風霜的臉上嵌著一雙大而無神的眼睛，他那乾裂的嘴唇輕輕地蠕動著，彷彿在訴說著什麼。（馮露〈血色殘陽〉）

　　這段描寫，可以看到作者觀察入微，看到「乾枯如柴的手」、「蓬亂的頭髮」、「大而無神的眼睛」、「乾裂的嘴唇」。有了這些具體的內容，人物形象呼之欲出，悲憫之情溢於言表。我們可以具體觀察一絲皺紋，讀出其中的滄桑；可以撫摸一個老繭，感受生活的艱辛；可以聆聽一個腳步，體會情感的溫度。總之，我們要抓住最獨特、最感人、最真實的一個點展開具體深入的描寫，它可以是一根髮絲、一個嘴角、一片指甲。

　　總之，在描寫中，要根據自己所要表現主題的需要，確定感情基調，再抓住事物的特徵，有側重點地描寫。煙雲泉石，嬉笑怒　　，經過描寫，往往能煥發出藝術的光輝，給人美不勝收之感。希望同學們能在具體景物、人物的描寫上多下功夫，寫出似露水般晶瑩的文字、似鮮花般芬芳的句子以及似湖水般清澈的段落。有了這些精彩的描寫，作文才會出類拔萃，熠熠生輝。

殘風美韻

趙　緣

雲南省昆明第一中學二〇一五屆

愛荷，愛她的風姿，愛她的幽香，也愛她的殘，她的缺。

九月，已是秋的季節，攜友遊園，不自覺地便來到了「青蓮水苑」。

苑中紅蓮已不復「小荷才露尖尖角」的柔嫩，亦不再有「映日荷花別樣紅」的燦爛，夕陽餘暉之中遠遠望去，影影綽綽地只見些輪廓——或冷露蓮房，或相攜而立，或躬身入水。風過處，在水面投下幽寂的顫影，不住泛起的漣漪引人無限遐思。

「呀！那滿塘的紅蕊凋零了，你還愛她嗎？」待看清了苑中的景象，友不禁向我問道。

「我還可以愛她田田的葉子。」

「要是葉子也殘了怎麼辦？」

「那就聆聽打在上面的雨聲吧！」

幾句短短的對話讓我陷入了沉思：凋花、殘葉，哪一個不是殘缺的，卻總能從中領略出點什麼，換個角度，也能尋出她的美麗。這不禁讓我想到了李商隱的那句「秋陰不散霜飛晚，留得枯荷聽雨聲」。的確是好詩，若是常人面對滿塘凋零頹敗的枯荷，不免會發出傷秋的慨歎，而他慧眼識珠，找到了這殘缺背後的美麗。暮秋之夜，臨窗獨倚，在喧囂浮雜的塵世中恪守一份寧靜，為自己的心靈

闢一方淨土，正如這滿目的荷，即使凋敗也風骨依舊，固執地保留著清雅。聽窗外淅瀝，悠悠然將手伸出，觸到點滴細雨，不禁莞爾。這大概就是義山當初落筆此篇的心境吧！

漫步長堤，最銷魂不過是「楊柳岸，曉風殘月」；穿過花塚，最動人總存在嚶嚶泣涕的瀟湘妃子，輕吟「花謝花飛花滿天」；黎明獨倚危樓，滿眼皆是「曉色煙光殘照裡」；李清照的一句「知否？知否？應是綠肥紅瘦」更是惟妙惟肖地描摹出一夜疏風驟雨過後花殘飄零之景……自古以來，殘風美韻何曾不惹人為之如癡如醉？

我喜歡斷水殘垣，枯枝萎葉，也喜歡鏽鐘古寺，破門頹牆，喜歡庭院深深的一蓬秋草，喜歡石欄折裂，玉璧破碎……每當這類零星的畫面映入眼底，我總是深深地凝視它們，試圖求索它們不為人知的往昔，尋找它們不可求源的美麗。有誰知曉，這一切破損的背後埋葬了多少難以訴說的離合悲歡，滄桑世事！舉首仰望夜空，流雲間那一輪玉盤似的皓月總能令人怦然心動，可是，有沒有人欣賞過同樣皎白的殘月？我不知道，我只知道那彎銀鐮會勾起我美好的回憶，我只知道殘缺背後有一種不可名狀的美。

自然如此，人生亦如此。人生總是殘缺的，完美不過是人們美好的信仰，可正因為這樣，人生才顯得鮮華珍貴。各人有各人的不足：或許是傷殘的身體，或許是破碎的心靈，或許曾在瑣瑣碎碎的生活中丟失過夢想，或許曾在磕磕絆絆的旅途中迷失過方向……但我們應始終笑對人生，因為殘缺，我們的人生才更加精彩；因為殘缺，我們才會不斷追索生命中的美麗。往事如煙，從殘缺中折射出來的光華在每個人的人生扉頁上留下不可磨滅的一筆。

不知你可曾聽過斷弦之音？可曾賞過斷片殘章？可曾捕過一隻折翼的蝶？如果你用心去聽，去看，去思索，你會發現殘缺原來是那樣的鬼斧神工，美得驚心動魄，渾然天成！

擁有一雙透悉世事的眼睛，發掘殘缺背後掩藏的東西。那是枯

荷聽雨的雅致，是庭院秋草的落寞，是一場飽經風雨的人生散出的迷人的醇香！

殘缺，何嘗不是另一番美的演繹？

殘缺亦是一種美，作者用它唯美的文字，細描著一幅幅或絢爛或殘敗的美景，演繹著人生盛衰無常但豁達平淡的胸懷。

羅　怡

五指握成一拳

雲南師範大學附屬中學二〇一四屆

　　個人強不是強，再強也是隻羊；集體強才是真正的強，強起來是群狼。

——題記

　　團隊精神是個常說常新的話題。無論你做什麼，無論你在何處，你都會有一個屬於你的集體。離開這個集體，你會感到無比孤獨，無比失落，彷彿一個人突然失去了生活的目標，生活的動力。我們，這群活力四射的年輕人，共同生活在一個集體裡，就應該憑藉自己的集體去打拼一片天地，去竭盡所能共創集體的輝煌。一個巴掌有五根指頭，把手指一根一根地拿出來看，你會發現每一根都有不同的作用，都在履行職責，幫助主人幹想幹的事。

　　可有時一根手指做不成事，你把五指合在一起，握成一個拳頭——一個力量無窮的拳頭時，就可以攻破所有屏障，闖過所有難關。這個拳頭，須五指齊力，缺一不可——這，就是團結的力量！

　　波斯軍隊橫掃地中海，所到之處哀鴻遍野，途中沒有遭遇強烈抵抗，因為自從他們打下第一個國家後，後面的國家早已潰不成軍。唯有斯巴達，這個自古以來就以出色的戰鬥力聞名於地中海地區的國家，當波斯的使者來勸降時，斯巴達的勇士們一口回絕。因為這裡，有他們的親人，有他們的戰友。波斯王徹底憤怒了，一路

打到這裡，還沒遇到過如此頑強的抵抗。他派遣大批的軍隊進攻斯巴達。然而斯巴達的三百勇士阻擋了波斯幾萬大軍的進攻。勇士們犧牲了，但他們打動了議會，議會終於同意增派援軍阻擊波斯軍隊的進攻。三百勇士成功了！

三百人阻擊三萬人，這是一個什麼概念？斯巴達的勇士，不正是憑藉集體的力量，創造了以少勝多的奇跡嗎？因為他們堅信，每一位斯巴達的勇士都是隊伍中不可或缺的，都是緊握成拳的一根手指，你就是他的後背，他就是你的護盾，並肩作戰，用三百人集結在一起爆發的能量，保護了親人，捍衛了榮譽。

如果他們中有一個人退卻，換來的將是整支隊伍的潰敗。可他們沒有！因為他們堅信，五指握成拳，總能爆發出無法想像的力量。這種超能的力量，又讓我想起了火海中的那團螞蟻。

那是一片茂密的森林，生態完好。可是，一聲霹靂之後，森林裡飄起了青煙，火蛇的蔓延速度超出了所有動物的想像，當它們發現那夢幻一般的青煙竟然是森林大火時，已來不及逃跑，無情的火海吞沒了它們。

只有一群螞蟻，它們的探路蟻及時發現了險情，早早地通知同胞逃離森林。蟻群浩浩蕩蕩地出發了，去尋找新的家園。就在這時，前方出現了一條寬闊的河，河的對岸是生存的希望，可螞蟻不會游泳啊，它們進河的唯一下場就是死亡。然而後面蔓延的火海，馬上就要燒到河邊，它們必須做出選擇——過河或者被無邊的火海吞沒。時間就是生命，螞蟻們沒有猶豫，一部分螞蟻咬在一起，拼成了一座可以到達河對岸的蟻橋。這些螞蟻漂浮在水面上，死咬著前一隻螞蟻不鬆口，拼盡最後一絲力氣，讓大隊的螞蟻帶著蟻后從自己身上過河。搭橋的螞蟻在蟻群通過後隨著湍急的河水漂走了，留下的，只有那震撼人心的奇跡。為什麼搭橋的螞蟻會這樣做？因為它們相信，那些存活下來的螞蟻會將蟻群發展壯大。

這就是螞蟻的集體主義精神，雖然沒有人給螞蟻講團結和奉獻的道理，但螞蟻天生就知道，當蟻群需要的時候，奉獻出一份力量，保住蟻群，才能保住自己的種族。五指握成拳，渺小的力量也能聚成奇跡，一個又一個的難關只能依靠團結來攻克。

　　斯巴達勇士的喊聲猶在耳際，火海中逃生的蟻群猶在眼前，站立在一個團隊裡，我們就是團隊裡的一名勇士、一隻螞蟻，我們不放棄任何一個人，我們不藐視任何一份力量，我們的心向著一處，我們的力用在一起。每個人都是手指，握緊，變成拳頭，我們就會凝聚成勢不可當的力量，突破重重困難，創造人間奇跡。

　　團結協作，一個常談且難以出新的話題，作者卻能從五指握成拳的細節中得到啟示，以斯巴達勇士的力量和火海逃生的蟻群創造的奇跡為例，清晰明瞭地闡明自己的感悟和心得。文章觀點明確，論述層次清晰，兩則論據選擇精當，能緊緊圍繞論題展開論述，語言平實流暢，頗具感染力。

　　　　　　　　　　　　　　　　　　　　　　　　張慧剛

那些年我們一起去過的大理麗江

吳瀟怡

雲南省楚雄第一中學

蒼 山 頌

和很多的遊人一樣，我們選擇在如火的六月拜訪這一座永遠蒼翠的山峰，只為一睹山頂杜鵑花的風采。

一路上內心中都帶著些疑慮，我不知道高海拔的惡劣條件下，嬌豔的花朵該如何生存，又怎樣盛開。海拔一點點升高，可是樹木的青翠挺拔依舊，陡峭的山坡上，偶而有一兩朵花兒開放，直到我走在通向山頂的木梯上，內心被深深地震撼了——漫山遍野的杜鵑花，開得肆意瀟灑，開得嬌豔盡興。沒有任何特定的佈局，彷彿只要有舞臺的地方，生命便可盡情舞蹈；有歡笑的地方，靈魂便會放聲歌唱。地理條件和物種讓似血的高山杜鵑成為高山上的舞者，白的聖潔，黃的燦若星辰，但更有倔強和頑強，讓它們的舞步有力而動人。彷彿被這美景感染，和同伴一路攀登，聆聽他一路歌唱，卻不覺疲憊。相伴而行，幾生有幸。那一刻，我在心底為怒放的倔強的花兒喝彩，更為心中的夢想綻放鼓掌加油，為怒放的生命歌唱！

蒼山頌，誦蒼山雪的聖潔，誦高原舞者的倔強頑強，誦蒼山之巔，一路同行的陪伴！

洱 海 謠

騎車環洱海的一天，只有五十公里的路程，卻讓我看到生活最

基本的姿態。

　　起初的步伐輕鬆而愉快，天空湛藍，洱海環抱，綠油油的稻田裡生活的氣息充滿人的視野，公路逶迤向遠方，行走中看柳枝輕點水面，飛鳥掠過岸邊。直到後來，太陽的炙烤加上困乏讓欣賞的心情大大減少，同行的夥伴都是疲倦的神態，可依然不願意放棄。夕陽在山那邊，倦影被太陽拉得老長，但是暖色的殘陽下，朋友互相鼓勵，他簡單的話語，我一個微笑，你一個眼神，都是一份力量，它讓我和他們一起堅持下去，改變那個軟弱的自己。

　　後來，我終於明白，堅持，是生活最基本的姿態。當美景的新鮮感被困難掩埋，唯有堅持，可尋希望。而困境中，最珍貴的，便是牽著你無助之手的那雙手，給你力量的那個眼神，那個微笑，那句話語。

　　洱海謠，唱秀麗的洱海，歌唱堅持，歌唱不懈！

麗　江　調

　　麗江，這是一個令遊人魂牽夢縈的地方，不知道為何雲南人也會有這樣的情結。

　　白日裡，陽光下的麗江給我歲月靜好的感覺。當我面對靜沐陽光的古城，濕滑的石板路，緩緩而過的流水，彷彿聽到一段古老的故事，在時光之中被娓娓道來。當我騎馬走在茶馬古道上，似乎可以看到舊時光裡馬隊也正這樣走過，人們唱著調子，尋著新生活而去。當我登上雪山，突然有了征服的快感，珍貴的不僅是風景，更是陪你攀上頂峰不畏風雪困難的人！

　　而深邃的夜空下，麗江繁華而熱鬧，彷彿永遠不會孤單，燈火如虹，人海如潮，篝火熊熊，歌聲飄蕩在空氣中，歡快的舞姿在夜色中更加美麗。

　　麗江，仿若一曲小調，哼出歲月靜好，似火熱情，更唱出一段美好記憶。走過這一段路，才發現，不是我們在旅途中認識世界，

而是發現新的自己，就像在前行的過程中發現更強的自己和更珍貴的陪伴。

　　往事，來不及揮手作別，便已遠去。只有行走中所得，會是永恆，一段記憶，一個勇敢的自己，和一群一生一起走過的人。

　　無悔這樣走過。錦瑟年華，與君度。

　　如一首麗歌悠悠唱響，情致漸漸溢出文字。文美、情美、標題結構美，是此散文的特點。

楊蔚蔭

成長，翅膀飛過的痕跡

趙　蕊

雲南省昭通第一中學高一年級

　　你以為那些歲月已經離你遠去很久了，隔著時光回頭看的時候，遙遠而泛黃的畫面像冬天的霧氣在你的眼前緩緩展現開了。原來，成長就像天空中翅膀飛過的痕跡。

——題記

　　很多年前，你還住在一個小小的庭院裡。那一年的春天說來奇怪，你好像第一次看見樹木發芽，陽光美好。那時候的環境允許你有許多夢，甚至有時間把它們記錄下來。你可還記得你用白粉筆在庭院裡寫下「9+9=17」的式子？然後一直在院中看著你的老人，慈祥而又耐心地為你指正錯誤。陽光灑滿了一地。那一年，你四歲。

　　後來，你長時間居住在外公家裡。外公於你，是靠山，是膽子，是一個坐騎，是一個暖水袋。冬天，你的被窩裡總有個滾熱的暖水袋，但有次水漏了，燙傷了你的腳，外公便自己給你焐被窩。外公在被窩裡坐著，喝著那些劣質的白酒，半個小時後被窩熱了，你才睡進那溫暖的被窩。那一年，你五歲。

　　後來啊，時光帶走了那個最愛你的人。當外婆、媽媽和舅舅們圍著床上的外公放聲大哭時，你沒有掉一滴眼淚，你以為外公只是睡著了。死亡第一次離你那麼近，你卻絲毫沒有察覺，只是心裡第一次有了無措，有了恐懼。那一年，你七歲。

依舊在那個寂寞的小院，日復一日的清晨，就是從那些花開始的。朱紅、粉白、淡藍，一朵朵攀在密實的籬笆牆上，整齊而壯觀，似乎，不知是誰站在牆邊喊了一聲，一籬笆的花就一齊應聲開放了，在沾滿露珠的風中，輕輕地搖曳。花心，是星的形狀，是來不及收攏的夜的表情。時間的指標每天總會準確無誤地指向某個刻度，你總是傻傻地站在牆邊，看著這滿載著你與外公記憶的花，然後摘下一朵，放在那不遠處一座孤獨的墳上，彷彿聽見一朵接著一朵的花迅疾地綻放。那一年，你九歲。

　　後來，上了初中。你目睹了男生們的重情重義。他們成長的路上過分分泌的荷爾蒙直接轉化成了對兄弟義氣的極大崇尚，他們看著《古惑仔》，天天把「兄弟」掛在嘴邊。總覺得也許十年、二十年之後，他們還會是那時的樣子，在球場上打球打得一身臭汗，隨隨便便地穿上一件簡單乾淨的白Ｔ恤，一雙白板鞋，就能奔赴一場不老的青春。後來他們的朋友圈裡出了事，一次意氣用事，把對方弄成了輕微的腦震盪。消息傳到了校領導的耳朵裡又回到了全校同學的耳朵裡，當校領導在主席臺上公佈通知，念到「予以開除」四個字時，你看見他們的眼淚劈裡啪啦地掉在了鮮紅的校服上……那一年，你十四歲。

　　後來，你的生命裡出現一個少年，你並不知道他的名字，也不知道到一絲關於他的故事，只是每天習慣在一個地方看到他，心中萌生了一種細膩而柔軟的愛戀。那一年，你十五歲。

　　未來很長，長到足夠讓你忘記當初那個男孩的模樣，只剩下一個淺淺的影子。哪怕這樣，我們也不能否認，在年少青澀的歲月中，曾對某一個人，有過一份很特別的期盼，曾經出現過一個少年，在淡然的晨曦裡，賦予我們小小的溫暖與甜蜜。就像天空翅膀飛過，留下了青澀而又甜蜜的痕跡。

　　那時，年少的你，正踮著腳尖，滿心歡喜地等待著一個溫暖的

少年。

　　而你，是不是在另一個少年眼中，美得像一首讀不完的詩歌？

　　那些沒有雕飾過的青春，那段渾不正經而又天真可愛的幻想，那些翅膀飛過的痕跡……這些都將伴我們成長。

　　我們都將慢慢地長大，不會害怕。

　　用第二人稱來寫自己成長的痕跡，更增添了抒情的味道。剪裁很見功底，白描手法對細節片段的展示，產生了蒙太奇式的畫面效果，由此十幾歲的生命有了讓人回味感悟的永恆。

　　　　　　　　　　　　　　　　　　　　　　　　　　程興明

稻草人手記：芒種時節君歸否？

鄧雨佳
雲南省昭通第一中學高一年級

我眺望著遠方，看著你走過來的方向。我不會說話，也不能唱歌，只有一群麻雀陪伴我守候遠方。它們告訴我，你的名字叫春陽。

——題記

我孤單地站在麥田裡，沒有呼吸沒有聲音，沒有喜歡也沒有悲傷。安靜地守望著麥田，守候著遠方。從清晨到日暮，從今夕到明朝。

我的世界原本混沌不清，卻又簡單乾淨；既然沒有希望，自然也就不存在失望。

原以為「此生」注定以草木之軀，接受風吹雨打、鳥啄蟲蝕，裝模作樣地堅守一生，和光同塵存在一世，就在光明與黑暗的邊界上，永遠地彷徨徘徊⋯⋯

可是，還有三天，三天後就是芒種節令。他，終於快來了嗎？我的心裡湧起一陣久違的開心。忘記了從哪一年開始，芒種時節就成了我最開心的一段日子。

只有在這個時節裡，我才可以近距離地陪伴著他，靜靜地看著他在麥田裡上下忙碌的身影。在這個時節裡，風也輕柔雨也溫潤，大片大片的陽光，不時嬉笑地跌落在我的頭頂。人類的孩子，開始

成群結隊地前來探視我、拜訪我。他們在田野上奔跑著、笑鬧著，那一串串清亮燦爛的童音，撒落在我心底，驅走了秋冬留藏下的潮濕陰霾。

相比我生命的冗長無味，雪人兒的生命更短暫易逝，受不了半點兒陽光。她生來就有一顆純潔無瑕的心，她在孩子們的歡笑中成形，在人們不需要的時候，慢慢逝去，她的「生命」每一秒都被需要，哪怕很短暫。她不需要等候上一年，不需熬過整個春夏，只需在合適的時候降臨，合適的時候離開。而那個傻乎乎躲在麥田裡等待他的小王子的狐狸曾笑著說：如果小王子下午四點鐘來，那麼從三點開始我就感到幸福，時間越臨近我就越感到快樂。我身旁是，麻雀媽媽的絮絮叨叨，哪片麥地的麥粒更可口，農夫的哪個孩子更淘氣，麻雀孩子們一個個躍躍欲試，眼裡透著光亮。

記得好多年好多年前的那個芒種日的下午，他的眼裡有一片光亮。我對那片光亮的每一次回憶，都曾經做出過許多不同的解讀：希冀？失望？

快活？感傷？最近最近的溫馨呢？還是最遠最遠的遠方？

夕陽西下，這一刻靜謐而美好。我看見我的影子在越拉越長，我感覺到已漸漸地沉入了幻夢，沉醉在這守候他的美好時光裡。

他又走進了我的夢裡，遠遠地向我招手，踏著大片霞光。我彷彿聽見他仍在念叨著：「有那麼一群小孩子在一大塊麥田裡做遊戲……我的職務是在那兒守候，要是有哪個孩子往懸崖邊奔來，我就把他捉住……我整天就幹這樣的事。我只是想當個麥田的守望者。」我端詳著他，他的目光卻停留在孩子們身上。他徜徉在金色的麥田裡，就像多年以前我第一次見到他時的模樣。他捧著書，在我身旁輕輕吟哦。有什麼東西在我心裡「咔嚓——」一聲斷裂開來，世界彷彿就只剩下我倆。

涼風起自天末，鳥雀成群地飛了回來，張狂地啄著我帽子。我

好像沒了感覺似的，直直地張著自己枯瘦的手臂，眼睛望著那夕陽。

　　遠遠的，他的背影沉沒在了麥田深處。夕陽的光暈，一圈圈地慢慢蕩漾開來，四面的田野逐漸變得模糊，黑暗真真切切地逼了上來。

　　晚歸的麻雀孩子，忽然驚異地叫著說：「媽媽快看！那稻草人的眼睛在流汗呢。」

　　詩化的語言，朦朧的意境，稻草人的意象，敘述著一個來自於土地上的故事。生命、大地、希望在文中若隱若現，含蓄而委婉，需仔細讀來，別有韻味。

張順娟

甜甜的泥土

趙 衛

雲南省昭通第一中學

在蝴蝶山的那邊，廣泛地分佈著一種紫色的泥土，如同胭脂一般，油油的，亮亮的。傍晚時太陽餘暉一灑，泛著點點螢光。在這片特殊的紫土上，養育著一個叫紫土村的小村子。整個村子，都被蝴蝶山圍了起來，在西邊那地兒，有一個缺口，這就是紫土村與外面唯一的聯繫通道──西岔口。

林從小就在紫土村長大。林的父親在林很小時就外出打工了，卻不幸被貨車撞了，司機也跑了。從此，他便與母親相依為命。在母親的口中，年幼的林漸漸地了解到，在西岔口的外面，有一個美麗的世界，繁華，富足。

林是紫土村唯一的讀書人。這兒的大部分人都認為，知識那東西看不見摸不著，毫無用處，還不如守著紫土踏實。林的母親卻不這樣認為。於是一直掙錢供林從小學上到了初中。村子裡沒有學校，林便從小學開始就在縣城裡上學。他只在每個月的月初回家一趟，其餘時間，都在縣城裡度過。月初是林和母親兩人特有的節日。到了月初，林的母親很早就到了西岔口那兒等著林的回來，而林，一大早就從城裡出發。村裡沒有公路，村子與縣城中間的四十哩路，林一半悄悄扒在貨車後面，搭了「順風車」，而另一半，則留下了林一步一步深深的腳印。

傍晚的紫土村特別迷人，落日的餘暉灑在這兒的紫土上，閃閃的，發著螢光。西落的太陽如同一個大石榴，從遠處望去，恰好填滿了西岔口。

　　在石榴的底襯上，一位老人久久地站著，如同雕塑一般，望著遠方。落日的余光將老人的影子拉得好長好長，而老人花白的髮絲，靜靜地在風中紛飛。太陽最終落下了地平線，天上不知何時多了一彎明月，亮亮的。漸漸的，遠處出現了一個小小的黑影，正吃力地向西岔口走來，走近了一看，這便是林了。田蛙連片地唱，蟋蟀放肆地歌。

　　林的成績一直很好，城裡的老師都誇他有前途，一定能考上市一中。

　　學校要有獎學金、助學金啥的，林是從不落下的。別的同學也都佩服他：成績好，家裡又困難，該拿的。有了學校的幫助，林母親的負擔就大大減小了。林在學校是無人不知的特例，在村子裡也一樣。村民都說：紫土村這地兒是上天眷顧的寶地，是當年文曲星下凡的地兒，這兒是要出人才的。

　　到了初三，林更加努力了。這也難怪，縣城裡只有一所高中，一屆也只招幾百個學生。而整個縣城，卻有十幾萬人口。這似乎是一個被人遺忘的小縣。只有少數到過外面的人才知道，在遙遠的市裡，有一所市一中，那兒一年就有幾十個學生能上清華、北大之類的名牌大學，嘖嘖，那叫一個好啊！

　　中考過後，林回到了家裡，幫著母親幹農活。母親漸漸地老了，去年又得了一種怪病——一累便喘不過氣。家裡沒錢，便一直拖著。每到黃昏，林照例會到西岔口那兒，迎著夕陽，看著遠方。遠方的太陽慢慢地沉了下去，黑暗從四面圍了過來。伴著一聲歎息，林意猶未盡地回了家。田蛙連片地唱，蟋蟀放肆地歌。

　　那天下午，城裡的大伯興沖沖地跑了回來。老遠他就嚷道：「考

上了，考上了！林考上市一中了。」全村的人都圍到了往日冷清的林家。林聽了一開始很高興，然而慢慢的臉上有了一絲憂愁。大伯繼續說道：「鑒於你是十多年來考上市一中的第一個，縣裡的中學決定給你提供學費和部分生活費，你就放心吧。」林笑了，笑得那麼甜。因為大伯帶來的消息，村子裡歡騰了。

市裡離紫土村就更遠了。林的母親送他到西岔口那兒，就走不動了，林也停了下來。母親氣喘吁吁地對他說道：「孩子，到了那兒要好好讀，你媽我當時沒這條件，當了一輩子的『睜眼瞎』，你還有時間，要是能考上清華啥的，就真是光宗耀祖了。我們家窮啊，幾輩兒了，沒出過一個讀書人。家裡嘛，你不必擔心，我會照顧我自己的。你也要照顧好自己。」說著，把用布包著的一包東西塞進了他的書包。

林走了，小村子重歸寧靜。

時間飛快，三年時間轉瞬即逝。三年後的一天，一個小夥子興高采烈地朝著西岔口走來。西岔口似乎一成未變，然而似乎少了什麼，小夥子的眉頭皺了。在旁邊幹活的大嬸認出了林。林急切地問道：「我媽呢？」大嬸把他帶到了蝴蝶山上，指著向西的一座孤墳說道：「你媽她去年幹活時倒下了，就沒能再起來。」林腦子一下子空了，一下子撲了過去，淚水湧了出來。一陣痛哭之後，林抽噎著從書包裡拿出了一個大紅帖子，放在了墳頭上，深深地磕了三個頭。

這時他突然發現，在墓碑上刻了他的名字的正下方，分明有著一堆土，顏色卻與周圍的土不同，紫得發黑。林的眼淚又一次湧了出來。他拿出母親給他的布包，緩緩打開，裡面裝著一模一樣的土，紫得發黑，油油的。

淚水一滴滴落到了泥土上。林似乎想起什麼似的，抓起泥土瘋似的吞了下去。

那土，分明是甜的，暖暖的，帶著母親的氣息。

太陽慢慢沉了下去，餘暉透過西岔口灑過來，灑在紫色的泥土上，泛著點點螢光。那墳頭顯得格外顯眼，大紅大紅的帖子上，分明寫著：清華大學。

凝練的語言、巧妙的構思顯示了作者不凡的語言表達能力。情節雖簡單，然而刻畫的人物較為鮮明，質樸中透著靈動，困苦中充滿執著，表現出積極奮鬥的生命追求。環境的描寫很好地烘託出人物形象，「田蛙連片地唱，蟋蟀放肆地歌」等句子形象生動。

張成仙

雨　痕

馬智越

雲南省昭通第一中學高一年級

　　城市的天氣總裹挾著些許疑點與怪異，初夏的陽光已被厚厚的烏雲吞沒。雨絲在天地間一掠而過，落在地上有輕微的聲響，卻掩蓋不住陣陣寒意。試圖關上窗，任憑惆悵充斥整個空間。

　　關上窗，繼續坐在書桌前。沒有對著電腦茫然地發呆，沒有摞得高高的書。靜靜地坐著，跳躍的心在兩個路口徘徊猶豫，望著那未知而充滿誘惑的地方。我不知道自己的未來該怎麼走出這一步，是隨大流風平浪靜呢，還是哪怕一路寂寞，追尋自己的夢想呢？空氣的密度讓我窒息，我不由地想要逃離。起身捧起一本《理想的下午》，素白的封面，淡雅的文字，和這氣氛略有幾分不協調。

　　透過密密麻麻的防盜網，發現街道兩側多了一些木製花臺，正在雨中乖巧地羅列著。花臺裡的無名花，紅色的，玫瑰紅的，橙色的，告訴世界現在正是初夏。初夏終歸還是初夏，不過須臾，轉瞬即逝。若是鬱結在無涯的愁緒中，就追不到她的倩影了。於是轉動門上的轉軸，嘗試用嘈雜的雨聲埋藏慘澹的寂寞。剛打開門，瞬間襲來的冷氣就讓人卻步，但已沒有退路。鞋子的聲音打破了單調的雨聲，雨依舊下著。花臺四周的棱角被沖刷得沒有一絲纖塵，居然帶著一種精緻感。朵朵花兒看起來十分享受，雨如愛一般蔓延，浸過她們的皮膚，潤過她們的神經，她們笑啊笑啊，沒看到雨早已劃

破人的手指，穿透人敏感而柔軟的心。天上的烏雲厚一層，薄一層，一層一層往下壓。就這樣，我站在原地，彷彿一個小丑忘帶了道具，局促而無助。

我只好轉過一百八十度奔向街道的一頭，黑色的鞋踏著地面，濕透的頭髮伏在衣服上，淚水終於肆意地湧出，和雨聲混雜在一起，落寞的街道不再寂寞。一個個熟悉的場景不斷地重播，要去的究竟是哪裡，我開始思考，開始掙脫。我希望所有牽絆都成為海市蜃樓，讓夢飛翔在現實中，複製未來的時光。我要為自己綻放，哪怕一路風雨，也要為心之嚮往所前進。踏著雨滴的節奏，讓自己不再猶豫，輕裝上陣，讓雨痕帶走我的那點留戀，我將為前方的我歌唱。

天地間竟亮了一些，是聽到人的哭泣了嗎？漸漸的，像夢一般的，雨停了。傲慢的烏雲不情願地脫去濃妝，天上溜出了一束陽光，溫柔的夏日的陽光。整個街道不再寂寞。

收起橫流的淚水，雙腳快節奏地踩在回返的路上。花臺裡的花依舊笑著，一定有人讀懂了她們的美麗。想快些回去，打開緊閉的窗，讓初夏的陽光射入曾灰暗的空間，抹去雨滴留下的痕跡。

這是一個孩子的成長心路歷程，在前方道路的選擇中，有過彷徨，有過猶豫，但最終的決定還得自己做出。無論選擇是對是錯，都要付出全力，「哪怕一路風雨，也要為心之嚮往所前進」。小作者用了融情於景的方法，給自己的抒情找到了依託，讀來不會有單調乏味之感。

張順娟

一步，一步，又一步

張悅旻

雲南省昆明第一中學二〇一一屆

他，來自東南；她，來自西北。

在學校，他是出了名的差生，去學校，只是他生活的一個過程。在家裡，他的壞脾氣讓他成了顆隨時都會被引爆的炸雷。父母根本無法靠近他，可他們比誰都明白，如果就這樣放縱兒子下去，後果是什麼。

她生在大西北，長在大西北，枯風早早攜走她稚嫩臉上的水分，細細地看，彷彿是大西北一條條縱橫的溝壑，小小手背，印上了大西北的龜裂的粗獷，薄薄嘴唇，被城乾脆弱得一觸即破。可她依然是妹妹的好姐姐，父母的乖女兒，小狗的好夥伴。她也嚮往過城市，那裡有霓虹縈繞，那裡有精彩生活，她也想走出大西北，走出這個牽住她們家祖祖輩輩的大西北。

初二的寒假裡，父親開車帶他去了一趟大西北，目的是想讓他看看那裡艱辛的生活環境，讓他自知生活環境對命運的牽制，學會知足和最基本的感恩，可他哪裡有閒情逸致來思考這些對他來說既不能當遊戲打，又不能當錢花的東西。

看著兒子冷漠麻木的神情，父親心裡隱隱生怕，於是決心讓他留在大西北過一段他本不可能過的生活。

「兒子，要是讓你在這裡待上一個星期，願意嗎？」

「開什麼玩笑？我又不是石頭，說留下就留下。再說了，這種地方只有白楊樹活得了。」

「如果不用做作業，每天還有兩百塊的零花錢呢？」

「那讓我想想……」

「就待一個星期，一星期後，一次性給你一千四百塊。」

「一個星期，你可要說話算話。」他在心裡盤算著，雖然有點疑惑，但覺得和父親做這白玩還得錢的交易值得考慮，於是他答應了。

回過身，他輕輕地摸了摸裝在衣服裡層的一百塊錢，那是他早為自己準備的逃跑路費。

為了賺夠下一學年的學費，她在寒假裡參加了村子裡的有償種樹。每天清晨，總能看見她戴著舊黃色的針織帽子，裹著高粱紅的薄圍巾，提上水桶扛起鐵鍬，伴著朝霞來到戈壁灘。戈壁灘上的白楊一天天的多了，茁壯成長的白楊是戈壁的希望，也是她的希望。

也是那個假期，他的父親，看見了她。她掄起鐵鍬的力量震撼了他，即使是同齡的男孩子，像他的兒子，也不可能有這樣的力道，而她對白楊深情的眼神更勾起了他的好奇心。

「小姑娘，我們來這裡玩，水喝完了，能給我們一點嗎？」

女孩看見他慈父般和藹的笑，用力點頭回應著。

「叔，我的活已經完了，要不去我家歇歇腳吧？」

「你真好，謝謝了。上車吧，我帶你回去。」

「不，不用了。」她低頭看著自己滿是泥的鞋，難為情地說。

「不用客氣，作為對你這個熱心腸的報答吧。」

女孩點點頭，脫下鞋放進了背包，小心翼翼地走進了車裡。車裡很暖和，除了男孩冰冷的眼神。她長到這麼大，還沒有遠客來過家裡。客人剛到家，她的爸爸就聽到了動靜，從裡屋一瘸一拐地挪移出來，不安卻又驚喜，有客人來了。

女孩的家單薄地立在寒風裡，家中雖不富有但家的味道很濃，人情很溫暖。讓自己的兒子在這裡住下來，是個不錯的選擇。他的父親考慮後提議，把女孩帶到城市，和男孩交換家庭，感受不一樣的生活。她的最大的願望不就是走出大西北嗎？然而今天機會來了，她卻發現自己放不下殘疾的父親，乖巧的妹妹，勤勞的媽媽，可愛的小狗……她的父母知道，女兒是那麼嚮往城市，堅持要她走，要讓她去嘗嘗城市的滋味。

　　他到了她的家，她也到了他的家。

　　城裡人到了戈壁灘，這個消息在村子裡炸開了，村裡人都像看國寶似的來看他。但他厭惡這裡，這裡又髒，而且非常缺水，沒有電話，更沒有電腦，就連說話的同齡人都沒有，他們整天都在幹活，他不敢想像要是跟他們一起聊天說起 CS，他們會怎樣去理解沒有玩過的抽象的東西。

　　他看著那張已經捏濕了的一百元鈔票，說服自己，再多待兩天。

　　窗外是她的奶奶拄著拐杖慢慢地走著，離他越來越近，讓他感到不安，特別是看到奶奶身後的妹妹在一邊看著自己一邊偷偷地笑著。奶奶來到他的跟前停住了，把兩顆奶糖遞給了他，說：「孩子，咱們這裡沒有什麼好吃的，這是妹妹藏下的糖，她說要給哥哥，來，收下吧。」他收下了糖，奶奶又回到了原來的位置上，曬著太陽。他剝開了糖紙，奶糖早已黏住了糖紙，不能吃了。他環顧四周後，叫來了小狗，遞到它嘴邊，就在這時，妹妹不知從哪裡沖了出來，抓起他的手，狠狠地咬了一大口……這一口每個牙印都映在了他的心上。

　　她來到他的家，這裡的擺設，要是布置在她們那裡，都能算得上是皇宮了。多少新奇的家電讓她看得目不轉睛，好奇卻不敢觸碰，在她的夢裡一旦夢見美好的東西一碰就會從夢裡醒來。來到這

裡，她第一次看到了人能通過機器和遠在千里之外的人交流，她多麼想讓自己家裡有一個這樣的機器，這樣她就可以自由地把對父母的想念送回家去。他的媽媽送她漂亮的連衣裙，他的爸爸給她講她從來沒有聽過的故事，帶她到遊樂園玩，參觀博物館，或是在書房裡教她讀書、教她認識茶的品種。

但是她，想家了。城市的夜空，被霓虹照得通紅，星星不敢出現，月亮也孤獨了。

一個星期已經過去四天了，每天身上都有灰塵，汗水，連他都開始嫌自己髒了，況且大寒天的，捂著大棉衣，身上的味道自然不好。原先愛乾淨的他，身上，手臂上，甚至腿上，開始出現了一顆顆芝麻大小的疹子，癢得他夜晚很難入睡。她的爸爸決定，一定讓他在離開之前洗一回澡，然而，這裡沒有水。大西北長年缺水的程度，是可以想像的。那一天，她的爸爸早早地起床出門了，吃早飯時，都未看到他的身影，這時全家都著急了。他也急了，問奶奶爸爸去了哪裡，奶奶告訴他，爸爸去鑿冰給他燒水洗澡，她爸爸的腳在一年前收割高粱的時候被鐮刀砍了一下，傷到了筋，如今雖然還能走路但不再那麼靈便了。他終於忍不住了，放下飯碗，破門而出，衝進了雪地，茫茫的原野到處都是晃晃的白。雪中的大西北不再那麼粗獷，它顯出了一種溫柔的美。

「爸爸！」他竭盡力氣喊了一聲，雪很快吸收了聲音，只留下一片怕人的寂靜。

這是他第一次叫她的父親，想起他為自己洗衣，補褲子，做一頓並不好吃卻珍貴的洗塵宴……他的淚水簌簌地落了下來，他感到奇怪，這種感激、激動，是他從來沒有體會過的。就在這時，爸爸在他的面前出現了，這是一個不高的小山坡，他用推車，推著一大塊冰，顫顫巍巍地往家的方向趕著。腿腳的不靈便，讓他顯得笨拙不堪。他剛抬頭就看見了站在山頭上的男孩，他笑了，一個趔趄，

他滑倒在了雪地裡，男孩飛奔到他身邊，扶起他，大聲喊著「爸，爸……」緊緊地摟住他凍得僵硬的肩膀，就是這副肩膀，擔起了她的家庭，現在擔起了他塌陷的心。

回到家，男孩用第一盆水，為她的父親洗腳，輕扶著那雙變形的、醜陋的腳，他想起了自己的父親。「他也是這樣愛我的呀……」男孩簌簌的眼淚掉進了水盆，和雪水一樣乾淨。

她感激他的父母，他們給了她別樣的愛，讓她對城市不再膚淺地認為只是繁華，她更明白，只有文化、教育才能讓一個地方發展起來。大戈壁的未來，還要她更多的努力。女孩不會唱婉轉的旋律，不會跳輕柔的舞蹈，但她絕對是個好廚師，他的父母吃著女孩做的送別飯很不捨這樣一個女兒的離去；也很想念，想念即將回家的兒子。

父子又見面了。

她也回到了家。

「爸，還記得那一千四百塊的零花錢嗎？」

「嗯，當然還記得咯，現在兌現？」

「對，我要把它送給妹妹，讓她好好讀書，長大後，像她的姐姐一樣，為大西北的未來而努力！」

「大西北讓你長大了！」

「爸，謝謝你。」

「第一步，你找到了生活的真諦；再一步，你付出了來自內心的真情；又一步，你邁出了成長的腳步，孩子，循著這條路走下去吧，去接受它的洗禮。」

她眺望這茫茫的戈壁灘，太陽悄悄地從白楊的樹尖滑落，餘暉下，是她明天的希望：「一步，一步，又一步，我的未來，大西北的未來」。

新的艱難的環境可以讓被安逸和富足麻痺的心回到原始的真情，成長不都是在自己願意改變的時候有人幫助一把，在自己不願意改變的時候被人往前推一步，然後面對未知樹立一個信念，存著感恩的心往前走嗎？相信每個人都可以從改變中發現自己的成長，雖然不能改變命運，但人生終究有很多條路可供選擇，或是開闊眼界，或是自己主動改變人生觀念，都會開闢出一條條新的小路，「一步，一步，又一步」的主旨就在此。

楊　珂

生為奇蹟

宋 孟

雲南省昆明第一中學二〇一三屆

（現就讀於山東大學）

「生為奇蹟」是我們高三時候最後一期壁報，老班敲定的主題。老班說圍繞「為」字，有兩解，一說生命是奇蹟，再一說活著是為了創造奇蹟。老班說話很有感染力，我們並沒有異議就信了，只是覺得高三確實需要奇蹟，需要這些神奇的令人澎湃的字眼。

最終不得不承認那是做得最好的一期。

壁報以偌大的深藍地球做畫面背景，壯闊寧靜。左上角是楊孟衡學習和生活的照片，一個昆明本地的失去雙臂的堅強男孩，憑藉著厚實且勤勞的雙腳，憑藉著頑強而堅韌的品質，以高分進入中山大學，是真正的奇蹟。

左下角便是劉偉了。他的人生何嘗不是一個奇蹟。「要麼趕緊死，要麼精彩地活著」不知激勵了多少年輕懵懂的心，也不知讓多少迷失茫然的人重新找到歸宿和方向。

尼克胡哲，也在壁報的右下角，他是世所公認的奇蹟。我曾認認真真把有關他的作文素材整理在本子上，也曾經工工整整地將他的名言摘錄在某本書的封面上，希望自己經常都能看見那些激動人心的話：「態度決定高度」，「當你抱怨沒有鞋的時候，有人還沒有腳」。

右半部分，有「文綜，數學放馬過來，和你們死磕到底」幾個

大字，顯得張揚而頑強，令人血脈噴張。緊承其下是幾張高三學習生活照，每一張裡都有我。圖片上我們在運動、我們在歌唱、我們在嬉笑、我們在打鬧、我們在奔跑、我們在學習。我喜歡這些圖片有電影的效果，站在跟前就會想起那麼多親歷親在的具體場景：參加詩歌朗誦比賽，投身書法比賽，主持早校會，做旗手升國旗，做護旗手拋國旗，語文話劇當選「最佳男主角」，拿了獎學金請全班吃「可愛多」，師生大聯歡創意小品表演，還有高考前一天代表高三全年級誓詞……林林總總，所有一切，不是圖片，是微縮在記憶裡隨時活躍著的真實經歷，永遠鐫刻在了時間的軌道上。

其實壁報最出彩的部分是居中的主體部分，應是傅雷在羅曼‧羅蘭的《約翰‧克利斯雜夫》譯文的序言部分說過的很出名的話了。「真正的光明絕不是永沒有黑暗的時間，只是永不被黑暗淹沒罷了；真正的英雄絕不是永沒有卑下的情操，只是永不被卑下的情操屈服罷了。」這段震撼人心的話，陪我們走過了高考那段起起落落的時光，讓我們可以不停地從懈怠中英雄般救贖自己。

而今這段話已經鐫刻在我們心裡，我們或多或少都有了點英雄情結，因為我們真的戰勝過太多的卑怯、懶惰、頹廢、狹隘、脆弱，打贏了高考之戰，此後這段話必定會陪伴我們的人生之旅。不管我將遇到什麼，擁有什麼，經歷過什麼，我已經學會用虔誠的心對待自己，對待生活。認真地、負責地、安靜地為人為我，勇敢地、執著地、果斷地向前走。這是我終生的財富。

我還清楚地記得，這張海報來時，是我們全班一起黏貼上去的。七手八腳，熱情洋溢。男生拎著四邊，女生在旁邊上下左右指揮著。現在不管男生女生都有了各自的大學要讀，各奔了東西，散佈在中國外國不同的角落，心裡既感傷又欣慰。

我們到底有改變地長大了，攔也攔不住。時間攔不住，我們的雄心攔不住，每個人的命運也攔不住。我發現我們每個人似乎都在

跨越式的成長中，在延續著我們曾經的奇跡。

　　不得不說的是，這張壁報是老班的創意。作為語文老師的老班是一個正直、勇敢而善良的人，更重要的是她會用她的方式思考、表達，並把很多獨特的東西傳遞給我們。在中學時代能遇上這麼一個堅定頑強的老師也是一個奇跡，她像魯迅一樣在戰鬥，無畏無懼，所以，老班才是奇跡的源頭。

　　回首向來成長處，我們領受了那麼多的奇蹟，也創造了那麼多的奇蹟，我和我的同學會用盡一生無悔無怨地將生命的奇蹟寫下去。因為「生為奇蹟」已是信念，和我們的成長鎔鑄在一起，和我們的生命交融在一起。

　　小小的視角卻孕蓄了磅　的力量，這就是「生為奇蹟」帶來的豐富充實的感受。宋孟同學追索壁報這個線索，緊扣奇跡這個話題，張弛有度而不蔓不枝寫出了高三特有的拼搏、思索與成長，讓人受啟發，得感染。

高　洪

拾遺的蒼老

張媛媛

雲南省昆明第三中學

　　清明時節，微雨紛紛，薔薇花撒落了一地。院牆高高豎起，牆角鋪滿了青苔，漸變的顏色，參差地躺著，綠綠的。是雨，帶起了風，匆匆行過，將爬在牆上的粉色花兒拍下。肆意開放的薔薇一瞬間落了地，伴著落雨，哭泣。花，點起無數漣漪圈，破碎的圈中映出一個蒼老的身影——外公。

　　記得一個多月前，我走之時，我的，不倒的外公：步伐矯健，青銅色的臉上那一雙琥珀色的眼睛閃著光芒，黑髮中夾雜著白髮，彷彿黛青遠山上的一抹殘雪。而令我始料未及的是就在這樣一個清明時節，我竟觸心地發現，您，我的，不倒的外公，突然如此衰老。

　　我隔著窗子望出去，您的眼皮彷彿千斤之重，拼命下垂。臉上的皺紋刻出一道道溝壑，抖動著。火盆裡的火苗頻繁跳動，被您那一雙瑟縮的手蓋住。一陣風，帶下薔薇的花瓣，凋落的芬芳將您驚醒。我分明看到了那曾經我一直記得的放光的雙眼變得模糊了。您下意識的拉拉大衣，繼續打盹兒。

　　窗子流淚了，痕未消。我鼻子很酸，因著淚水走到您的身旁蹲下，您的呼吸變得沉重，手在微微抖動，跟上火苗的頻率。火光映照著您的臉龐，晃動著，好像一張年久的砂紙，紋路密密地分，卻

還是看不清脈絡如何。您忽然掙扎著睜開雙眼，說：「我現在很怕冷……」就在那一瞬間，迎著火，有一顆奇怪的東西猝不及防地一下子滾落到火盆中，「嗞」一股青煙直起。

您，我的外公，本能給我最多保護、最多勇氣的那個人，竟然在這一瞬間像個受傷的孩子，彷彿需要我的保護、鼓勵。我的心莫名抽動，一如橡皮筋被狠狠拉抻又放掉……

雨，一點一點向天上收起，夕陽漸出。火沒有滅，小小的火帶著藍色散發著不易察覺的餘光。光斜射在地上，映出蒼老的您。透過光，我看見了漫無目的的粉塵伏在您奋拉著的頭髮上。您忽然默默起身，拉拉大衣，一步一步走向門口。我猛然覺得那個背影像經受風雨的麥穗，已由青蔥的綠變成前傾的彎了。步子好像千年一越，艱難得很。

在這個清明，我拾遺了外公蒼老的痕跡。能夠扛起整個我的雙肩脆弱了，眼皮似乎被歲月拉出蓋住眼睛，還有那個背影，不再矯健，不再厚重……忽然發現蒼老不是永久年月的結果，而是短暫一瞬的變化。一如一場雨後院裡滿是芬芳，牆上白片已泛潮濕剝落的哀傷。

外公，您老了。我的依靠變為我的牽掛，而我會義無反顧地肩起您的沉重，或許僅僅是一杯濃茶，一柱絲煙，讓您的衰老不是歲月留下的痛，而是一種我能給予的力所能及的在您有生之年的幸福。

落雨，落花，碎片……我所拾遺的蒼老告訴我：有時，最最堅強的，也是最最脆弱的，一如您——我的外公。

當「拾遺的蒼老」這四個字映入眼簾，我的心就有一絲疼痛。外公一次在火盆邊烤火靜坐的極平常之態，被小作者深深地藏

入心裡。無意間拾遺的蒼老，讓作者心疼落淚，一瞬間經歷了一場成長的蛻變，從被保護者轉為了親人的依靠。原來，成長不是經歷了多少，而是經歷中的心感受著什麼；生活不缺少感動之事，只是少了有觸感的眼睛。只要用心體悟，再平常的生活都能熱濕你的心。

文字亦如作者的心，細膩溫潤，有感可觸，字字句句都充滿愛與感動。從小作者精彩的描寫中，我們分明可以看到她那雙流淚的眼睛，投射出的眷眷親情和透過外公的蒼老感受到的人生哲理。因此，這篇文章已不是單純的寫人敘事的散文，而多了「一花一世界」的成長感悟。

戴慶華

CHAPTER **07**

情景關係

處理好情景關係，
讓真情美麗綻放

楊　珂

（雲南省昆明第一中學教級教師）

　　寫景抒情散文是指融寫景與抒情為一體的散文，作者往往由生活中所見之景、物引發內心的獨特感受，有感而發，表達幸福快樂、人生失意、懷古思今、故里尋根等情感。寫景抒情散文所描繪的景和抒發的情並不像是 1+1 這麼簡單地結合在一起，而是情由景生，景因情美，情景交融，相得益彰。

　　然而，同學們在寫這類散文的時候，往往難以處理好景與情的關係，文章常常存在以下問題：

1. 描寫不夠具體，缺乏形象性；

2. 描寫散亂，景物沒有鮮明的特點，不能給人留下深刻的印象；

3. 有感情，但情與景分離，致使筆下景物缺乏生命力。

　　問題的根源，主要有以下幾個方面：

1. 沒有仔細觀察，自己感受不深，難以寫得具體形象；

2. 不能準確抓住事物的特徵；

3. 缺乏融情於景的技巧。

　　要寫出感情真摯的作文，就要用心靈去觀察、感受生活，咀嚼積澱在心中的那份情思，並善於借助景、物把內心的歡樂與憂愁、幸福與痛楚的感受交融起來。

針對以上問題，有什麼有效途徑可以解決呢？

一、留心生活點滴，讓觀察成為快樂

對景物的感受力是寫作的基礎，優秀的寫景抒情散文所描寫的景物多在我們身邊，正因為在我們身邊，才能有細心觀察的機會，才能產生深切的感受。記得，在一個雨後初晴的中午，路過校園的長廊，看見一位同學手捧一本小說，如癡如醉地看著，時而微笑，時而緊蹙額頭，時而開懷大笑，陽光透過油亮亮的紫葉花的藤，斑斑點點地灑在同學身上，這難道不是一幅美麗的畫面嗎？既充滿愜意，亦不乏詩情。又如，路邊在春風裡飄飛的柳絮，校園裡蒼勁挺拔的松柏；清晨湖邊飛舞的紅嘴鷗，黃昏時天邊絢麗的雲霞，深夜窗外閃爍的虹霓；豐收時節橙黃飄香的稻穀……所有這些景物，只要我們細心觀察，用心感悟，皆可成為筆下美麗的、具體可感的形象。只要做有心人，養成觀察的習慣，用心體悟身邊的景物，或許在別人眼中不值一提的景物，在自己眼中卻是一種獨特的美，觀察便成了一種生活的情趣，快樂自在其中。

要做到仔細觀察，也有一些竅門。

1. 對同一景物，多次進行觀察。事物是在不斷變化的，想凸顯細節之美，要嘗試多次觀察。例如，春天紫藤花開了，可以在剛剛出現花蕾之時觀察──紫藤花嬌嫩婀娜，淡淡的紫氣清涼了煩躁的心，帶來了希望與憧憬；又如，雨後──串串鈴鐺似的花帶著雨珠，在陽光照射下更增添了些許嫵媚，令人欣喜；再如，月夜下──花藤多了些朦朧，多了些淡雅，更讓人遐想不已。多角度觀察後，對景物的感悟更多、更深，寫作文的時候，選取哪個角度，用多少筆墨都會更加得心應手。陸蠡先生多次觀察視窗的常春藤之後，在《囚綠記》中寫道：

我天天望著窗口常春藤的生長。看它怎樣伸開柔軟的卷鬚，攀住一根緣引它的繩索，或一莖枯枝；看它怎樣舒開折疊著的嫩葉，漸漸變青，漸漸變老，我細細觀賞它纖細的脈絡，嫩芽，我以揠苗助長的心情，巴不得它長得快，長得茂綠。下雨的時候，我愛它淅瀝的聲音，婆娑的擺舞。

觀察細緻，描寫便細緻，且有獨特之處。

2. 對相關聯的多個景物同時觀察，要分清主次、先後。例如，朱自清寫的〈荷塘月色〉，寫了多個景物，荷塘四周的樹木—荷葉—荷花—荷香—荷葉的波動—月光—青霧—雲天—樹影—樹縫燈光—蛙叫蟬鳴。作者在荷塘觀察時並不只做單一的觀察，而是用心觀察了眼前所見的諸多景致。在那麼多景物中如果沒有主次之分，先後之分，那寫成文章便會顯得凌亂，朱自清先生顯然把荷塘中與荷相關的景物作為觀察重點，四周樹木次之，雲天、樹縫燈光、蛙叫蟬鳴再次之，因而在描寫的時候重點就很突出，層次很分明。作者對這些景物的描寫非常細膩，但它們又不是割裂的，如寫荷葉，然後是荷葉中的荷花，然後是風送來的荷花的清香，由風的吹動引出流水；寫月色，既注重從上至下的流動，又注重從下至上的浮動，從而構成了朦朧而又美麗的「荷塘月色」。可見，我們在描寫景物時，可根據表達的需要對景物特點細緻描繪，使其凸顯出來，又不割裂與之相關的背景。

3. 觀察景物時，盡可能挖掘出我們平日不曾發現的美。許多美景就在我們身邊，但我們不一定就能發現它的美，只要我們善於發現，或許就能發現其與眾不同之處。郁達夫便觀察到了從槐樹葉漏下的一絲一絲的日光；在破壁腰中，靜對著像喇叭似的牽牛花的藍朵，如果沒看《故都的秋》，我們很可能日日從旁邊走過也不覺其美。善於觀察，才有所感，這是寫作的前提。

二、抓住景物特徵，準確描寫景物

　　要抓住景物特點，就要寫出該景物與其他景物的不同之處，突出該景物所特有的地方。要準確地抓住景物特徵不容易，我們可以通過設置情景、運用對比描寫的方法進行片段訓練來提高這方面的能力。

　　具體做法：設置同一個描寫主體，但放置在不同的背景下，要求突出這一事物的特點。例如，以樹為描寫主體，配以其他景物做背景，安排三組片段描寫。A‧樹、井、月光；B‧樹、懸崖、瀑布、日光；C‧樹、大海、沙灘、星空。三組景物中都有樹，但由於配合的景物不同，樹的背景便不同，樹的特點自然也不盡相同。現舉學生習作為例。

　　片段一　古井幽幽，像一位蒼老智者睿智而沉靜的眼眸，亙古凝視著蒼穹。井口的石板被磨得十分圓滑，泛出清幽的光輝。石板間細細密密的縫隙間有些綠意。借著這暗夜中不十分明朗的月光可以發現古井邊巨大的暗影綠得那麼濃稠，綠得彷彿要窒息了空氣。儘管黎明總會來臨，但萬物還是向黑暗繳械，交出了生機，除了這棵巨大的榕樹。當風屏住呼吸就可以聽到這大片濃稠的綠向外伸展時發出的窸窸窣窣的聲音，它是那麼的有張力。風又驟起，吹不散這濃稠的綠。夜幕深沉，包不住這生命的綠。

　　片段二　懸崖高逾百丈，鬼斧神工般猛地劈出個垂直的斷面。斷面上怪石嶙峋，猶如張牙舞爪的怪魔爭先恐後地掙脫懸崖而去。酷日炎炎，只烤得「怪魔」們齜牙咧嘴。斷面中央是奔騰狂舞而下的瀑布。瀑布寬逾十丈，水流直直砸向底端的深潭，發出巨大的聲響，所有水流都摔得粉身碎骨。就在瀑布一旁的怪石上，有位勇士在勇敢地攀岩。它這是在挑戰大自然的神力！它不畏百丈高崖，它不畏碎骨之險，頭頂烈日，手抓怪石，向上，向上，生長，生長！它的身軀精瘦，枝葉不那麼

情景關係　CHAPTER **07**

3
4
1

濃密，但它的根頑強地撕開岩石，深深地紮進去。這是怎樣的力量啊！比斧劈懸崖之力、水落百丈之力更懾人心魄。

片段三　大海無垠，與天連成了一線。海藍藍的，藍得靈動，藍得恬靜。層層疊疊的浪一遍遍舔吻著金黃色的沙灘，彷彿訴說著它不盡的愛意。沙灘上閒閒地長著幾棵酒瓶棕。這是一種熱帶獨有的棕櫚植物。樹如其名，它的軀幹是個標準的啤酒瓶形，顯得十分憨厚可愛。它的頂上稀稀拉拉地長著幾片葉子，葉梢上有茸茸可愛的棕毛。海風吹過，棕葉微微晃動，看來這海灘美景也使它有些醉意了。

在不同背景中，景物的不同特點容易凸現出來，若多次訓練，會有較好效果。

三、反覆品味名篇，學習情景交融技巧

情感是寫景抒情散文的靈魂，真實的靈魂往往是可愛的，打動人心的。因此，在寫景的同時，要融入自己的真實情感，讓讀者在文章中不但能看到美好的景物，還能感受到作者所想表達的情感、所要顯露的思想。我們可以反覆品味優秀作品，以其作為典範，模仿學習情景交融的技巧。

史鐵生在《我與地壇》一文中，思考了生與死的問題，最後終於得出了答案：「死是一件不必急於求成的事，死是一個必然會降臨的日子」，「一個人出生了，這就不再是一個可以辯論的問題，而只是上帝交給他的一個事實」。是的，生命不過就是如此變更交替，生是希望的復燃，智者只會把人生之死當作最大的冒險。我們為什麼要抱怨上帝的不公平？誰能幫助我們改變命運呢？我們只能靠自己。當一個人能夠豁達地面對死亡的時候，能夠以平靜的心態看待和談論死亡的時候，他當然就獲得了堅強活下去的信心——這就是史鐵生從地壇獲得的啟示。為了

表達自己的情感、人生感悟，史鐵生從眾多的景物中選取了「剝蝕了古殿簷頭浮誇的琉璃」、「淡褪了門壁上炫耀的朱紅」、「坍圮了一段段高牆又散落了玉砌雕欄」來表現地壇的荒蕪，與作者遇到人生重大挫折後低沉、絕望的心境相吻合。但作者又選取了「穩穩地停在半空的蜂兒」、「猛然間想透了什麼後轉身疾行而去的螞蟻」、「支開翅膀忽悠一下升空的瓢蟲」、「在草葉上滾動，聚集，壓彎了草葉轟然墜地摔開萬道金光的露水」這些事物。小蟲雖小，而且身處荒蕪之地，但它們都以自己的方式活著，且充滿生機，展現了小蟲們頑強的生命力；露珠雖微不足道，但卻光芒耀眼，充滿力度。這一切寫出了地壇「並不荒蕪」的特點，足以激起作者內心對生命的渴望。

郁達夫《故都的秋》，「清」、「靜」既是對客觀景物特點的描寫和總結，又是作者內心的感受，表現了文人憂鬱而優美的情懷，兩者融為一體，意味雋永。

像這樣值得回味的優秀篇章還很多，那我們可以從中借鑒些什麼呢？善於借助景物滲透情感與哲思，即巧妙地將情感融入景物的描寫中，借用景物來抒發感情。當作者借用景物作為抒情對象時，景物因情感而形成了美的意境，而情感透過景物直達人心，這一切都是自然而契合的。

格桑花盛開的地方

王紫璠

雲南師範大學附屬中學高一年級

這裡，格桑花開滿原野。

高聳的山峰，湛藍的天。揚起的青稞在打穀場上翻曬生命的喜悅，無名的湖泊上倒映著一碧如洗的藍天，流淌著寧靜，也流淌著千絲萬縷道不出的牽掛。

這裡是西藏，生命綻放燦爛之光的土地，也是父親和他的戰友們守護著的家園。雖然不是土生土長的西藏人，但父親的青春卻伴隨著雪域高原的陽光，年復一年。身上的那套軍裝在我兒時的記憶中從未脫下過，軍綠色的衣褲，軍綠色的擁抱，軍綠色的笑，軍綠色的愛。

軍綠色應是父親一生的光芒，也是我的一份牽掛。邊防的日子裏在美麗的高原景色中，表面是旖旎如畫，可其中滋味也只能從夜深人靜的詩句中體味。

每次進藏去看望父親都要顛簸數小時，穿過無數山溝險壑，才能到達他的營區。沿途雖然風光旖旎，我卻無心觀賞。一年只能見一次面，在我的心中，父親就是最美麗的風景。儘管，父親在我成長之路上頻頻「缺席」，但我深深地知道，他在肩負使命的道路上，從不遲到！

這一次進藏，我決定好好看看秀麗的風景，體會一下這片熱土

的神秘。車子在顛簸的山道上行進，無限風光透過車窗，映入我的眼簾。西藏確實是渾然天成的仙境，銀白楊把希望和熱情釀成原野的絢爛，然後，默默地伏在新生的路上為後代奉獻一生。遼闊草甸上，牛羊彷彿一粒粒生命的種子埋在陽光色的土地裡等待萌發；紅彤彤的高原紅給人們黝黑的臉龐抹上了質樸善良。這裡，和平、寧靜，子孫世代生生不息，古老民族的血液傳承至今。這兒確實是一片熱土，是父親守衛的地方。

　　來到父親駐紮的營區，終於見到了日思夜想的父親，感受到了父親懷抱的溫暖。中午飯端了上來，我偷偷地瞥了父親一眼：粗糙的臉龐下隱約長出歲月年輪，暗紅色的嘴唇因乾燥而開裂。眉宇間透著疲憊，髮梢間也有幾根銀絲。我心裡一酸，立刻低下頭往嘴裡猛送幾口飯，也不看他。我知道我在哭。

　　夜裡起了一陣大風，像野獸的怒吼撕扯著原本的平靜。一陣局促的電話鈴聲過後我聽見父親穿衣準備出門的聲音，心中驟然冒出一陣不安，立刻衝到房門口打開門。果然，他正準備出門。他說營區出了點事要及時處理，讓我安心睡覺，說完便轉身融入黑夜裡。抱怨、惴惴不安，我再也無法入睡。窗外淒厲的風聲緊緊地揪著我的神經。不由得想起小時候的日子，他幾乎很少在家，有時我會質疑他還會不會回來，和父親在一起的日子好像夢境。別人問我想不想他，我也搞不清楚，我的心中沒有明顯想念他的感覺，但此時我卻真的在擔心他了，想著那些與他在一起的瞬間。不覺間眼淚就流了下來。

　　是啊，在成長的每分每秒中怎麼可能不想他，怎麼可能不牽掛他，這份牽掛正是我與他之間在千里之隔時傳遞關懷的橋樑。幼時記憶中溫暖的軍綠色是心中熠熠生輝的燭光，伴隨著我一步步向前。而我無視的美正是最美的雅韻，心中有愛縱使面對蒼涼也能尋見感動。

父親回來已是第二天中午，雖然一夜未眠，但從他身上卻看不出更多的疲憊，可能是事情處理順利的緣故，父親一臉興奮。這，就是我的父親，光榮的軍人，我一生的驕傲。他投身祖國邊防已有二十五年，高原是他青春綻放的舞臺，在我心中，他的執著與堅守是舞臺上最美的一幕。即使他沒有在我的身旁呵護我，但他在保衛著祖國的西大門，在守護我們的家園。看著父親偉岸的身軀，我心頭一熱，一種使命感油然而生。

　　和父親一樣，無數熱血沸騰的生命在高原上燃燒青春，守護家園。仰望著他們的臉龐，閃爍著太陽一般耀眼的光芒。那是對祖國的熱愛，對責任的守望。雪白色的哨所間，軍綠色的愛在那裡深深地紮根，汲取著堅韌作為枝葉，蘊藏著使命感而綻放繽紛的人生。當我們在喧鬧繁華中安然自享時，我時常叩響心中那扇軍綠色的門，門後是默默的堅守，是深邃蒼穹中的璀璨之色。

　　走在金黃的陽光鋪平的道路上，遠處是晴空和雪山尖托起和煦的太陽。綿延的潔白彷彿藍天給大地繫上了一條哈達，聖潔無瑕。茫茫原野上，格桑花盡情地綻放！

　　而在陽光的正中央，有那一抹令我勇往直前的軍綠色。

　　這是一篇既有父女深情又明家國事理的優秀散文，讀來令人感動不已。一個十六歲的女孩，父親長年不在身邊，心中那份對父親的思念，對父愛的渴望，不言而喻。文中有對父親的嗔怪，也無可非議。但最難能可貴的是作者深明事理，有家國情結，「父親在我成長之路上頻頻『缺席』，但我深深地知道，他在肩負使命的道路上，從不遲到！」字字鏗鏘，一個大義的父親，一個懂事的孩子，形象血肉飽滿。

　　文章寫得樸實無華，沒有絲毫的誇飾和矯情，情真意切，感人

肺腑。

其中，對藏區風光的描寫，對父親形象的刻畫，給人留下了深刻印象。

李　月

罌粟花盛開的那一刻

唐博文

雲南省曲靖第一中學二〇一一屆

（現就讀於對外經濟貿易大學）

在佛蘭德斯戰場，罌粟花搖曳在一排排十字架之間，這就是我們居住的地方；勇敢歌唱的雲雀仍在空中翱翔，槍聲卻不再作響。

不久前，我們戰死沙場，我們曾經活著，感受黎明和傍晚的霞光，我們曾經愛與被愛，現在卻長眠於佛蘭德斯戰場……

——約翰·麥克瑞〈在佛蘭德斯的原野上〉

一九八五年的一個傍晚，加拿大，安大略省。兩個少年躺在山坡上，看著遠處火紅的晚霞，燦爛的夕陽映照著他們的臉龐；漫山盛開的罌粟花顯得鮮豔奪目，與火燒雲一樣壯麗。「有一天，我要拉著她的手，在這個地方看落日。」約翰對他的好朋友亞力克斯說。「去你的，」亞力克斯笑道，「我看你還早著呢！」「不，真的，我以後將有一座農場在這裡。我要養奶牛、馬……每天早晨我將沐浴黎明的陽光，傍晚欣賞霞光……」「我要去當兵，我要為祖國，為榮譽而戰！」「假正經！」約翰把亞力克斯一把推過去，「哈哈哈……」兩人的笑聲迴蕩在山間。

一九一四年七月三十一日，奧軍向塞爾維亞發動進攻，「一戰」爆發。

一九一五年二月，在開往歐洲戰場的擁擠不堪的運兵船上，年輕的士兵們正忍受著大西洋狂風大浪的顛簸。幾個月前，他們剛從

學校畢業，或是剛找到工作，但是現在，他們要為祖國而戰。擠在船艙裡的，有軍醫約翰‧麥克瑞、他的同伴亞力克斯——他剛晉升為中尉。與所有人一樣，看著不遠處那陌生的海岸線，他們感到激動，但更多的是緊張與恐懼。「我們可以活著回來嗎？」中尉問約翰。「會的，上帝與你同在。」約翰回答說。他從口袋裡掏出一張照片，在昏黃的燈光下，他看到照片上妻子美麗的面龐，污濁的空氣讓他難受。他閉上眼睛，不敢再想……

　　五月，法國，佛蘭德斯。天色陰沉而昏暗。旗杆頂端的旗幟無力地飄動著。約翰的戰地醫院的帳篷裡，廣播裡反覆播放著軍方的宣傳語句：

　　「士兵們，你們在為祖國而戰；勝利之日，你們將成為英雄，你們的榮耀將載入史冊……」然而，帳篷中傷患無助而痛苦的呻吟聲，讓人心悸。沉重的筆尖落在日記本上，約翰寫道：「……藥品不足，重傷患無法救治，只能注射藥劑讓他們死去以避免痛苦」，「兩個士兵傷口發炎，截肢……」他低下頭，看見腳下一張破爛的宣傳畫，上面被血污覆蓋的激動人心的標語依稀可見，血跡像罌粟花一樣紅。

　　五月十二日，佛蘭德斯前線，空氣中彌漫著火藥味，炮火還在反覆轟擊著這片焦土。硝煙與灰塵遮住了陽光，塹壕裡潮濕而陰暗。鐵絲網上掛著陣亡士兵殘缺的肢體，在坦克履帶輾過的地方，幾瓣殘破的罌粟花陷在黑色的泥土中。

　　「進攻，進攻……」亞力克斯中尉下命令，他的聲音有些無力。許久，沒有回答聲，只有槍聲鳴響。「我們的人都陣亡了，」約翰回答他，「我們無力組織攻勢了。」中尉想說什麼，但他張嘴，又咽了下去。「撤吧，我的亞力克斯，你的傷需要救治。」軍醫說。「我要繼續戰鬥，為榮譽而戰！」「騙子！他們在說謊，戰鬥，是戕害；你看著你的朋友兄弟死去，無數孩子成了孤兒……結束吧，戰爭！」

軍醫有些激動。中尉遲疑了一下，他站起來，一顆炮彈在戰壕爆炸，他沒來得及臥倒，彈片擊穿了他的胸膛……約翰衝上去……在中尉胸前的口袋裡，他發現一封信，他妻子的信，墨跡仍然清晰，鮮血染紅了信紙的一角，像一朵鮮紅的罌粟花。

中尉的遺體，被軍醫同在戰鬥中一同犧牲的人一同埋葬。這個傍晚，晚霞像血一樣紅，映照著約翰的臉龐。他守著朋友的墓地，久久不願離去。他掏出日記本，在那頁被夕陽照得金燦燦的紙上，寫下了百世流芳的詩篇〈在佛蘭德斯的原野上〉。

……

一九二一年，加拿大政府決定以詩中的罌粟花為陣亡將士紀念日的標誌。此後，英國、美國紛紛傚仿。

二〇〇八年，英國，陣亡將士紀念日。人們戴著紙製罌粟花走上街頭，紀念戰爭中死去的士兵們。人們把罌粟花投入廣場的水池中，表達對英雄的敬意與悼念。胸前掛滿勳章的老兵們接受人們的歡呼與喝彩……

佛蘭德斯這塊土地上，被戰火燒焦的泥土似乎只能生長被鮮血浸染的罌粟花。它們一年比一年開得鮮豔，開得茂密。在罌粟花盛開的時刻，人們回首上個世紀的戰火硝煙。

……

約翰看著天邊的雲彩，想起故鄉漫山的罌粟花，他寫下了詩的最後一段：

我們要繼續與敵人戰鬥，你從我們垂下的手中接過火炬，

把它高舉在空中，若你背棄我們的遺願，

即使罌粟花開滿佛蘭德斯，

我們也永不安息。

（本文獲二〇一一年第七屆「恆源祥文學之星」中學生作文大賽國家級二等獎）

抓住了讀約翰‧麥克瑞〈在佛蘭德斯的原野上〉這首詩對他心靈的震撼，並根據約翰‧麥克瑞的經歷而想像創作了此文。文中通過罌粟花這一意象的反覆描寫，表達了這樣一個主題——戰爭給人們帶來了無窮的傷痛，更激起人們對愛與和平的渴望及維護世界和平的決心。

趙鳳梅

風景這邊獨好

袁思琦

雲南省曲靖第一中學二〇一〇屆
（現就讀於黃石理工學院）

第零段

交疊而過的翅膀，它們拍響了詩歌的節奏。

滄海的日影，歲月把黑暗碾進地平線裡。

第一段

以前在書上看到過的話，書裡說：人的一生，總是會不停地去那些你已經去過的地方。走曾經走過的路，在記憶裡一遍一遍地去臨摹當年當時的情景。在這樣故地重遊的情緒裡，獲取一種叫作時光倒流的錯覺。

這是一種虛幻的美好。

它是溫熱的，酸澀的，讓人飽滿發脹的情緒，它把我們的人生拖向漫長。

第二段

麗江是我喜歡的一座城，但我從來沒有覺得這會是我的城。

第一次到麗江是二〇〇一年。那個時候我花了很多時間在旅途中看窗外連綿不斷的巨大山脈，它們在日光下的巨大陰影，把大地包裹進一種近似神聖的沉默裡。

光線從雲朵裡筆直而下，一束一束的，像鋒利的刀刃。

那個時候還小，麗江在記憶裡並沒有刻畫出什麼精準的溝壑，

只記得是一座我喜歡的城。

第三段

　　上演故地重遊是今年的國慶日，揀拾那些掉落在青石路上的記憶碎片。

　　住在古城的小客棧裡，黑木窗櫺，有細碎花朵的床單，就連地面也散發著清淡的香氣，走起路來「咯吱咯吱」地響，小院裡栽了幾棵樹，還有鋪著納西風格桌布的木桌，和以往有所不同的是插在陶罐裡的香水百合，有返璞歸真之感。

　　窗外的綠色樹冠一望無際，偶而有風的時候，會響起一陣一陣海浪一樣的樹林濤聲，天藍得有點不真實。

　　透明的、發亮的、深不可測的藍。那些白雲像是被滴進水裡的牛奶一樣，絲絲縷縷在天空中散開來。

　　店家將玻璃瓶拴在一起叮噹作響，放在流淌的河水裡反射著水漬漬的光芒，彷彿落入眼底薄荷般的清涼。

第四段

【清晨】

　　整個麗江在清晨裡顯得秀氣得多。淡淡的霧把古老的房屋籠罩起來。

　　還有帶著露水的白色梨花，以及背著新鮮蔬菜的老婆婆，她們顯得很精神。

【正午】

　　那些參天的古木依然有著遮天蔽日的綠陰，陽光從枝葉間碎片般地掉下來，草地無邊無際地溫柔蔓延，離離野花一直燒到天邊，森林中依然有美麗流淌的溪澗。

【傍晚】

　　地平線上殘留著半個赤紅的落日，無限絢麗的雲彩從天邊滾滾而起，擁擠著頂上蒼穹。

「夕陽模糊的光線像水一樣在每一寸地面與牆壁上抹來抹去」，〈翅影成詩〉裡這樣寫道。

【夜晚】

燈紅酒綠，顯得有一點點的俗豔氣質。很多老外和大城市來的人們，擁擠在河邊的酒吧裡，裡面的音樂就更俗氣了。

第五段

【玉龍雪山】

地平線上起伏不停的巨大山脈，它們的投影往往可以覆蓋一整片大地。山頂上是銀白色的雪，陽光折射出一圈一圈的彩虹光來。

從高高的雪山頂上往下看，一下子覺得人生遼闊起來。

頭頂的白雲像是水一樣，一縷一縷地捲動過去，在耳朵邊上發出嘩啦嘩啦的聲音來。

那些光線裁剪下來的影子，覆蓋著渾厚的大陸。

第六段

風景這邊獨好。

——我們在過去的歲月裡留下的腳印，它們在未來的時光裡，變成了發光的星。

（本文獲二○○八第四屆「恆源祥文學之星」中學生作文大賽省級一等獎）

在物質文明高度發達的今天，真情被遮蓋，虛偽在氾濫，很難有人能夠靜心享受人生旅程中的美麗風景。本文通過重遊麗江古城，帶領讀者一同用心用情體會這裡的點點滴滴。內容翔實，語言優美，富有感染力。

陳美元

淌水之鄉　旖夢留痕

沈芮伊

雲南師範大學附屬中學二〇一五屆

　　一曲〈小河淌水〉，一輪皎白明月，多少情思蕩漾，多少歲月留痕。

　　初識密祉，正值草長鶯飛二月天。車行駛在凹凸不平的土路上，格外顛簸，卻絲毫不影響欣賞路旁的油菜花的情趣。放眼望去，滿目金黃，油菜花以那種春特有的顏色，向世人展示著它們爛漫的身姿和脫俗的氣質。天藍得純粹，藍得醉人，托著太陽溫暖的光，把它灑向大地、鋪向田間，一切如畫般呈現，叫人不得不感歎田園風光的無限美好。

　　土路逐漸變陡，本就不寬的車道變得越發的窄，僅能容下一輛汽車單行。開始爬山了，彌渡縣特有的「環山路」，沿著蔥蘢的山腰盤曲而上，四周綠意盎然，樹木肆意地生長，沿途車輛小心翼翼地緩慢行駛著，生怕稍不留神，就墜下這陡峻的峭壁。日光越來越暗，不覺間已逐漸深入山中，頗有置身原始叢林之感。打開車窗，愜意地呼吸山中濕潤的空氣，撲面而來的濕氣中混著泥土的清香，平日裡在城市中遲鈍而緩慢的嗅覺，此刻卻變得異常靈敏。閉上眼，恍惚間彷彿聽到了千年前茶馬古道上陣陣的吆喝，悠悠的馬鈴……

　　前方的路忽然斷止，一面磚紅的土牆橫在眼前，顯得格外突

兀，可稍朝前眺望，便恍如身臨世外桃源。遠處的村落炊煙幾縷，靜謐安詳，側耳傾聽，有雄雞打鳴。走近村前，幾畝方田新播的幼苗尚未成熟，卻已然披上綠衣，清風拂面，腦海中浮現出麥浪翻滾之情景。密祉是一個小型山間盆地，蜿蜒連綿的群山環抱著它，密祉更像是一個與世隔絕的嬰兒，安靜而恬淡地躺在其間，幸福充實。足下的古道雖不平坦，但卻寬敞，偶而在路中央生長著幾簇金蕊野花，芬芳可愛。俯下身，想要近賞這金黃的美麗，卻無意間注意到由青石板鋪就的古道上，深深印刻著拳頭大的凹印，似是受了什麼重物的敲擊，又像是什麼刻意留下的痕跡，我不解。

不覺被小巷深處傳來的清脆的馬蹄聲吸引，一位年邁的老人家牽著馬匹緩緩行來。白髮已蒼然爬上他的額頭，明顯的駝背亦讓他顯得越發沉重。見到我們，他那張黝黑的臉頓時煥發出神采，嘴角向上揚出一個誇張的弧度，他笑了，友好地詢問來人：「你們是要去亞溪河喲？選對日子啦，今晚上花燈節呢！」濃重的地方口音掩飾不住老人內心的激動與熱情，他自願帶我們一行前去那「小河淌水的地方」。

靜靜的小巷，交錯縱橫，而那讓我產生疑惑的「印跡」卻從未消失，不忍打破巷的寧靜，卻又憋不住心中所惑，索性向老人家問起這石板的奧妙。老人笑得更加開心了：「這怎麼叫『石板』呢？這叫『引馬石』！」引馬石？這從沒聽說過的陌生詞語，讓在場所有人摸不著頭腦。聽老人解釋，這條筆直的巷道叫「文盛街」，全長七百多米，是「古絲綢之路」上「開南古驛道」中一個重要驛站。在開科取士時代，國家錄取武生，這是測試應試者騎術的必經之地。馬夫們都來此餵馬、換馬。這古道上的所謂「石板」，本是為了引馬前進的「引馬石」。明清時期，每天下午都有馬幫進站鈴聲，鏜鑼聲悠悠，隨之進行的就是賣米、草料、布匹、食品的貿易活動，人群熙攘，交往頻繁，像趕市一般，熱鬧非凡。路上的凹鑿正

是由於群馬接連不斷地踩踏，便也滴水穿石般深陷。聽著老人侃侃而談，我神思遐飛，馬夫、珍寶、馬鞭、長隊，時光彷彿回到了唐宋年間：一隊馬幫緩緩地踏上文盛古街，一路奔走而疲憊不堪的馬夫顧不得拍去身上的塵土，把一列驟馬拴在街邊石柱上，動作麻利地卸下貨品，隨後便到馬店購買馬料，為空癟的水袋加水。偶有人結伴走進茶肆，互相訴說著對當地茗茶的喜愛和對遠方家鄉的思念。多少樸實而又勤勞的人啊，用他們長滿老繭的雙手，牽著馬隊艱難行進，將中國的茶葉、絲綢遠貿他鄉，而自己卻常年身處異鄉。他們不是征戰沙場的戰士，亦不是遊歷四方的文人，他們只是馬夫，肩上扛的不只是古中國的商品，更是歷史交付他們的重任，哪怕積勞成疾，哪怕飢寒難忍，依然風雨無阻。那一個個深坑經歷了多少次打磨，承載著多少個故事，記錄著多少種文化，積澱著多少段辛酸。那深坑印證著絲綢之路的歷史步伐，印證著古驛站文明的興衰變化，這正是對歷史文化的最佳詮釋。一坑，只是那麼淡、那麼輕的一筆，卻勾勒出那麼真、那麼美的痕跡！

　　順街走下，路邊修葺一新的「魁星閣」下，幾個放學而歸的孩童在此玩樂。抬眼可見閣內柱上端正而醒目地寫著一副對聯：「翰院書香取文章學士，魁星助筆盼金榜題名」。聽老人介紹，文盛街上的確出了不少書香名門。一邊走一邊回望這座雅閣，不知在遙遠的過去，有多少書生在此停留，嚮往著自己有朝一日金榜題名，功成名就……

　　漸漸從逸著淡淡茶香與書香的夢中蘇醒，不知不覺行至亞溪水畔，迎面竟撞上了一頭石頭怪獸！傳說此獸震懾的是時發洪災的母豬龍，當年王母娘娘遣其鎮壓，它卻不願下凡，王母一氣之下，在其腰間刺了一刀，刀疤至今仍可看到。它的眉目已被風化得不可辨清，卻依然能看出它銅鈴般大小的眼眶，令人不寒而慄，筆直而端正地蹲坐在地，齜牙向北，迎風而立。不難想像，幾百年前，被稱

為「獨角獸」的它，無限威嚴。獨角獸的身後正是鼎鼎大名的鳳凰橋。橋側面有石雕柱欄，造型精巧別緻，橋墩猶如橋的兩翼，名為燕翅，真正體現了鳳凰之意。古人賦予橋的寓意，象徵著吉祥，而鳳凰橋，正是這份美好——最真實的痕跡，那種撼動心靈的魅力，難以言表。

水聲潺潺，小河的流水，汨汨地流向遠方。粼粼的波光漾在水面上，清水之下嶙峋的石塊清晰可辨，河面不寬，卻實在美。河水源出崇山，平緩激灩，如月光流華；河岸野草差互，不嬌豔動人，卻也生機勃勃。也難怪，曾經有一位多情少女在亞溪河畔明眸善睞，情思萬端，於是便有了〈小河淌水〉之清音響徹月夜，穿透時空。

徜徉在這份安寧靜好的古鎮之痕中，出神的思緒被幾陣打水的聲音打斷。循聲望去，驚喜地發現文盛街的最南端有一口四方水井，村中的婦女正在舀水洗菜。走近它，「珍珠泉」三個剛勁有力又迂迴婉轉的大字端正地書寫在井後的白牆上，如果說亞溪的水是清澈的，那珍珠泉的水質就可謂是清純的了，幾米深的水井，卻能望得到底，而最吸引人眼球的，莫過於一年四季晶瑩別透的水泡從井底源源不斷地冒出，真真像極了珍珠噴湧。聽老人說，泉水天生如此，大旱之年亦然如此。前些日子雲南大旱，這口祖先時代就存在的珍珠泉水位不僅沒有下降，井下的「珍珠」仍不停息地往外冒，給了村裡人莫大的希望。另有傳說，「珍珠吐泡」在遇到貴人時最多，百姓因此在其旁供奉神像，以求貴人，這裡也常年得香火供奉。

心中的敬畏之情油然而生，人們把自己心中最質樸、最迫切的願望寄託於這天然礦井上，代代相傳，正是這種最古樸的情感，讓珍珠泉在悠悠歲月中如一顆美玉，別透晶瑩，在漫長的歷史中留下最清亮的一痕。

天色已不早了，老人催促我們隨他前往花燈節廣場。再度走過泛著清清茶香的馬道，來到文盛村口的小廣場。初見此景，便感受到氣氛的熱火朝天——一列身著當地民族服飾的姑娘笑盈盈地走上廣場正中央，四周人們圍成一圈，白天賣菜的農民們來不及放下菜籃，便擠進了人群中。與「馬幫文化」並列的「花燈文化」原來也是大有來頭。相傳，唐南詔時期，唐太宗趨魂至地府查案，其還陽後，百姓為紀念他治國有方，舉辦水陸大法會作道場，以普度陰靈，法會期間，便有今花燈節的前身盛大開場，無論男女老少，皆盡情縱歌，自編自演，縈起彩燈，舞弄獅龍。

鑼鼓聲響，人潮中間讓出一條路，人們紛紛翹首，於是一條光彩奪目的長龍從不知名的方向翻卷而來，它時而傲首，時而翹尾，時而旋轉，時而騰躍，讓人目光難以移開，這條巨龍彷彿在噴吐火焰，點亮了整個花燈廣場！

巨龍謝幕，廣場的兩側石柱上跳躍起火光，村頭村尾的火把被燃起，預示「有頭有尾」，衣著盛裝的姑娘、小夥還有老太太一齊上臺，載歌載舞。一時之間，現場沸騰，朗朗星空，在笙歌下明昧。廣場的那頭，舞獅隊剛剛退場，緊隨其後的是傳統的日月燈和桶燈，頗具民族風味兒。

各村燈隊開始朝一個方向移動，幾番詢問才得知他們是要前往密祉大寺前鬧燈，因為那裡供奉著密祉最大的神。我趕忙動身，生怕錯過這場鬧燈盛會。一路上，歌舞未曾絕斷，人們邊走邊唱，表演著以花燈小調為主的「過街燈」。到了密祉大寺，這裡早已掛上了火紅的燈籠，早在此等候的表演者不分老幼，都在寺前盡顯才華，四下人滿為患，可前來觀看「鬧燈」的人仍舊絡繹不絕。

這個夜晚，每個人臉上洋溢著滿足的笑容，每個人眼底泛著或紅或橙的暖色。在造訪這個古鎮之前，我是怎麼也沒有想到，在這個大山最深的地方，在這個近乎與世隔絕的地方，竟會存在著這麼

一個地方，流淌著的不僅有小河的水，還有如此簡單卻又富有魅力的民俗風情！我慶幸，能置身此地，傾聽這古老的文化訴說；我慶幸，能與它相逢，感受這厚重的歷史重現！視線中的角落泛起幾點亮光，抬頭便望見人們放飛的孔明燈在天幕中飄遊。這是亞溪河畔的人們在放飛他們的祝福吧！為了賞一賞月下的小河，我隨幾路稀疏的人群，又至鳳凰橋下。皓月在晴朗的春夜星空下格外皎白，與燈火通明的城市不同，密祉的月，蘊涵著一種來自遠古的空靈靜好。亞溪收斂了日光下粼粼的波光，沐浴著月光，悄然無聲地流，也蕩起我心中的想像：一位多麼動人美麗的姑娘，也是在這輪月下，也是在這條流水前，觸景生情，望月抒懷，把心中對阿哥的一片深情，對家鄉的無限眷戀傾注在柔婉的歌聲中，融會在優美的旋律裡。

翌日，不得不離開這座淌水之鄉。

回望這片被群山環抱的土地，早已恢復了平靜，絲毫沒有昨夜熱火朝天之痕跡。昨日的場景，歷歷在目，一切彷彿夢一般，讓人不願醒來。楊柳依依，梢條撫著車窗，似乎在挽留遠到的客人。閉上眼，腦海中是青青的田間小路，是老人的開懷大笑，是小巷深深不一的泥坑，是小河涓涓汩汩的流水，是花燈繽紛斑斕的色彩，是皓月溫情可人的柔光。今日今時，多少燦爛的文化早已在我們的視野中消逝，多少古老的風情早已從歷史的舞臺上退去。密祉，這個深處雲南大山的秘境，卻在歲月的洗滌中風韻猶存。不得不承認，正是千百年來勞動人民的辛勤耕耘，世代相傳，才讓這顆滇西高原上璀璨的明珠得以一枝獨秀、長存於世，不由感歎——密祉，正是歲月留在雲南、留在世間至美的痕跡！

夢中，是那聲遙遠的呼喚，是那條潺潺的河水，是那輪皎白的明月……

（本文獲二〇一二年第八屆「恆源祥文學之星」中學生作文大

賽國家級一等獎）

素有「三鄉兩區一古道」美譽的雲南彌渡密祉，是著名的文明禮儀之鄉。小作者以遊者的角度去探訪密祉物阜天華、秀美幽逸的自然風光，進而帶領讀者去觸摸密祉古樸沉靜、熱情好客的人文質地，層層展現密祉「世界名曲〈小河淌水〉故鄉」、「文盛街茶馬古驛道」、「中國花燈之鄉」、「文化之鄉」的特色，並能在寫景和記事中著力捕捉密祉人特有的淳樸、熱情和生命的張力。文章讓人感受到是人與景和諧共贏的美好，是「桃花源」般的地域中流淌的古老風情，讓人沉醉。文章寫景清淡飄逸，情感含蓄雋永，刻意營造的「小河淌水」般的詩意，均展現出作者成熟老到的文字駕馭能力，實為一篇佳作。

牛　瑩

靜享拉市海

何　暢

雲南省昆明第三中學

　　到麗江，喜歡熱鬧就去古城，喜歡安靜就去拉市海。

　　從古城去拉市海大約十公里，一路上峰迴路轉。車窗外，一座座青山映入眼簾。瞧！那座山酷似一枝畫筆，鋒指藍天，那就是「文筆峰」，天神用它書寫麗江的美景。還有一座山脈很像一副巨大的馬鞍，稱為「馬鞍山」。過了「文筆峰」，過了「馬鞍山」，遠遠看見一幅水天相接的畫卷，那就是拉市海。它靜靜依偎在群山的懷抱中，倚靠在美麗的草岸邊上。

　　拉市海其實就是一個湖。它位於玉龍雪山腳下，卻與雪山無緣，來得有些異樣。既不是來自雪山，難道是天邊遺落的一方綢帕，安安靜靜地躺在那裡？被群山圍繞，被村落紛擾，它竟這樣清澈和靜謐。只有深得天地造化才會如此曼妙，令人神醉情癡。

　　湖邊有一些馬兒，芳草萋萋。馬兒們臥在軟綿綿的草坪上曬太陽，款款踱到湖邊飲水，平靜的湖面倒映著馬的身姿，像東山魁夷的畫。

　　我們招手租來一條木船。船夫撐著篙，我們自己劃槳，湖面上倒映著山和鳥的影子，彷彿我們漂泊在一幅風景畫上。湖水澄澈見底，水下飄動著水草，湖水綠而通透，我們的船悠悠前行，船尾帶出長長的波紋。用手觸一下湖面，蕩開一層漣漪，接著一陣清涼襲

來，讓你感到神清氣爽。我觸到了拉市海的臉龐，美麗而冰涼，聖潔而矜持。

候鳥們拉成一條長長的陣線，悠然地看著山水，一群一群飛過。也偶而鳴叫幾聲。這湖像塊磁石可以將它們從任何地方吸引過來。

唯獨有棵樹偏偏長在水中，遠看像從湖底撐出的一把傘，或是生在湖面的一朵蘑菇。近看，它枝幹盤折曲繞，該有百十歲高齡了吧。面對如此一景，我再次感歎造物之機巧。

忽然，湖面上傳來嘹亮的歌聲。看，是另一條船，船夫倚立在船頭，昂首高歌。我們的船夫也高聲應和起來。他們都是土生土長的當地人，世代生活在這裡。我雖聽不懂他們唱什麼，但看著他們的笑容，我能感覺到他們對拉市海的讚美和熱愛。我看著這一池靜水，再抬頭看那飛翔的水鳥，船在不知不覺中已漂走很遠了……

到拉市海來，我領悟到了為什麼有人說「來拉市海尋找一份安靜」。這是一種心靈的靜，這裡沒有了喧囂，沒有了急躁，只有寧靜和清冽。在自然中體驗恍如隔世的感覺。在拉市海，人類不是這裡的主人，我們只是和那些鳥同遊於湖上，在這山水間構成一道風景。

在「靜享」中靜靜地想，細細地感受大自然帶給自己的一份寧靜。那寧靜的湖面，那悠然生活在天地間的所有生靈……遠離浮躁，遠離喧囂，這應該是獨屬心靈的一種愜意。

現在鮮有好的遊記，因為這一文體需要的是尋美的眼和詩意的心。形神缺一，都覺得寡淡薄軟。這篇遊記，讓你眼前有畫面，心中有寧靜，小作者的心境與風景之間勾連得天然，自然

令讀者內心與之共鳴。如果你對寫作有興趣，不妨試著多寫寫
這樣的遊記。

戴慶華

秋天投下那片光影

廖元琪

雲南省昭通第一中學高一年級

邂逅秋天，就像邂逅一場純美的愛戀，愛上秋的溫婉，愛上秋的透淨，愛上秋天靜謐中詮釋的別樣光彩。

一樹一樹葉落不盡，是誰寄來秋思？

秋天的話語寫成詩意的信箋。我常把梧桐的落葉想像成信箋，也許樹對大地的寄語，風對泥土的悄悄話，都寫在上面傳遞，走在落滿梧桐葉的人行道，眼前不時掠過一道道金黃的弧線，心中沒有葉黃飄落的感傷，卻有更多「秋到任它林落葉，春來從你樹花開」的希望。秋天不是一個生命週期的結束，而是一次沉澱和孕育的開始。

那片葉漾在空中，金黃的顏色格外耀眼，我抓它在手心，像抓住了一張秋風寄來的信箋，仔細讀它，能看到春雨滴落的痕跡，夏日照耀的暖色和秋風拂過的指印。我在上面留下新的祝福，願我們都在自己的秋天開始新的旅程，把我的信箋拋向空中，看到它可愛的顏色，透出秋天詩意的光彩。

一滴一滴深秋冷雨，是誰綻放生命？

那場秋雨沒有預期地降落，狼狽的我急不擇路，衝入一個單車棚裡避雨，正打理著淋濕的衣服，低頭的一瞬，不經意間看到牆腳

的一叢鮮綠，走近了，才看清那是一叢植物從牆縫中捧出的羽毛狀葉片，雨水從頂棚的縫隙中滴下，打在它們細長的葉上，給葉片好好洗了個澡，沖刷得光鮮翠綠的葉片就這樣昂頭頂著雨滴，從牆腳的磚縫中生長出來。那一刻，我被這叫不出名字的小草震動了。即使是高大的樹木也紛紛落葉的秋天，這樣卑微的小草，就在這無人留意的角落綻放著屬於自己的奇跡。且不拿它與深秋獨放的菊花相比，它的這抹綠色，已經點綴了秋天的風景，在這個沉悶的雨天給了我一次感動。抬起頭，已雨過天晴，陽光從縫隙中透進來，照在翠綠的葉上，我看到了它反射出的秋天生命綻放的光彩。

拉回思緒，眼前僅剩落日餘暉。這個黃昏坐在夕陽下，我看著遠方的霞和透過每個雲隙穿過來的光線，在陽臺上暈開一片淡淡的紅，樓房的空隙恰到好處地框住一片雲，構成了一幅金邊圖畫，畫有秋天的寧靜高遠和深沉厚重。悄悄把這幅畫送給自己，讓我帶著秋天的生機開始拼搏，帶著秋天的希望開始遠行，即使是落日，絕不是盡頭。

秋天的夕陽，那抹餘暉的光彩，暈成了心中最美的光影。

這是作者學習散文單元之後的一篇習作，清新婉麗，像明澈歡快的溪水，讓人駐足玩味。全篇以「愛」字起筆，亮明情感態度，「別樣的光彩」引人入勝，總領全文回扣題目，而兩次設問構成文章內容主體；以「葉」寄託秋思，展示秋天詩意的光彩，沒有感傷，卻有感悟，有積極樂觀的情懷；以「雨」綻放生命，獨到的視角，看到了「卑微小草」的生命奇跡，雨中的巧遇，邂逅了秋天迷人的光彩。結尾處，「拉回思緒」，寫景束筆，虛實相生，雋永生輝。

全文結構精巧，構思嚴謹，卻又錯落有致，不著雕琢的痕跡。

而遣詞用字的嫺熟，文采斐然，讓人眼前如賞春花，一片粲然。行文流暢輕快，有直抒胸臆處，有細節描寫處，有敘述寫景處，有感悟昇華處，記敘、描寫、抒情相得益彰，搖曳生姿，美不勝收。

劉尊東、程興明

致白樺樹
——沉默的追憶

陳 芮

雲南省臨滄第一中學二〇一三屆

（現就讀於南京大學）

遠處的村莊飄著白的雪，白樺樹下有白色的花朵在旋轉。她一襲白裙在風中輕輕抖動，白樺葉落，伴著她起舞。

從小就生活在白樺林裡，白樺葉尖的光陰伴著她長大，白樺樹依偎在她的懷裡，聽著她柔情的訴說和深深的愛慕。

天空那麼安詳，似乎有鴿子飛過，女孩的笑聲穿越簌簌而落的黃葉，最終深深銘刻在那堅毅而柔情的白樺心裡。

時光在匆匆流轉，把白樺葉子染得綠了又黃，小小裙擺也漸漸長大，卻依然繞著它歌舞，它希望用一生的時間守護她的純淨，而她卻望著遠方沉默不語。

天空依然安詳，有鴿子輕輕在飛翔，女孩的氣息好像還在白樺林裡飄蕩，可惜她早已迷失在遠方，白樺樹心中刻著那個影子，靜靜等著她，等她回到那片白樺林。

天空漸漸陰霾，白雪夾在寒風中，呼嘯著席卷過那片寂寥落寞的樹林，白樺樹用力搖落葉子，希望風把它的思念帶到遠方。

殘破的葉子裹在風中，用力飛向遠方，可它最終還是落到路上，那條路指向她的方向。隨後，它被羊皮靴子碾碎在腳下。林子只傳來一聲風的歎息，一片片的思念卻無法再帶到她的身邊。

天空恢復寧靜和安詳，鴿子劃過天空，卻不曾留下痕跡。她回

來了，帶著她深深的思念，她要告訴它，這麼多年，她厭倦了漂泊與流浪，想回到它身邊。她希望她仍是那朵白色的花，開在它心上。她穿著早已泛黃的百褶裙，赤著腳，踩在它柔軟的葉子上，那是一片一片的思念，也是最後的思念。

天空依然安詳，靜靜地飄著白的雪，雪落在白樺樹裸露的殘骸上，落在她身邊。人們帶走了它的軀幹，一刀一刀，一道一道，都是痛苦，但它卻不曾掙扎。她輕輕撫摸著它的骸骨，把她的思念一滴一滴地融化，在它依舊完整的靈魂裡。

風把葉子卷起，帶它們飛向遠方。女孩靜靜抬起頭，看向雲海深處——我在這裡看天，你在天上看我。

生命是神聖的，草木亦如此，任誰都不能任意掠奪。我們的世界，依舊需要愛與關懷。自私自利，最終也只能把人們送上滅亡之路。一個物種的死亡，可能結束人類的存在。謹以此文，勸誡人們敬畏生命，愛護生命。

環保也好，保護珍禽異獸也好，愛護森林也好，這些主題都較難寫得輕靈柔美，而這篇文章以〈白樺林〉的歌詞，串起柔美而又淒婉的意境，句句牽動人心，一邊是人與白樺和諧相處的美好景象，一邊是人為破壞自然的肅殺，讓人對破壞自然草木的行為自動憤恨，可謂把美麗撕碎給人看，更見其悲。

戴慶華

夏的密碼

彭　靖

雲南省曲靖第一中學二〇一三屆

（現就讀於香港大學）

　　熱烈的夏，不只在每年的六、七、八月，也不只在四季分明的南北溫帶，熱烈的夏，存在於每個心懷夏季的人的心中。

——題記

　　一直很愛夏天。

　　愛那枝繁葉茂百花競放的季節。

　　愛那或驕陽似火或疾風驟雨的季節。

　　愛那火焰一般熱烈、孩提一般善變的季節。

　　有人告訴我，夏的密碼在於每年六、七、八月，太陽直射，炙熱的陽光烘烤了地球，帶來有關夏的一切美妙，有關夏的一切感受。

　　似乎是的。每年的六、七、八月，熱烈的夏便會散發她獨特的魅力，枝繁葉茂百花競現。不似春的萬物萌　生機盎然，不似秋的蕭瑟蒼涼抑鬱悲愴，更不似冬的蒼茫單調冷酷嚴寒。深愛著的夏，彷彿確是短暫的季節變遷的一個瞬間，只存在於那短暫的六、七、八月。可是，又分明能在每個季節嗅到夏的氣息：那春日裡爭奇鬥豔的百花和夏季競放的萬花一樣熱情，那秋天裡遍地豐收的景象和夏季掛枝的累累碩果一樣可喜，那冬日裡呼嘯狂吠的烈風和夏季來去匆匆的驟雨一樣令人生畏。整整一年，沒有哪一個日子能少得了

夏的熱烈氛圍，能少得了夏的濃濃氣息，細細品味，每一天都會嗅到夏的味道，細細解密，每一天都會看到夏的「密碼」。

有人告訴我，夏季的密碼是南北緯23°26´至66°34´的狹窄溫帶，這裡四季分明，夏才成為了夏，在那終年炎熱的熱帶和嚴寒異常的寒帶，夏又從何談起呢？

似乎也是的。夏季的百花，只在溫帶，這些豔麗漂亮的花朵不在熱帶，亦不在寒帶；夏季的烈日，只在溫帶，那似火的驕陽不在熱帶，亦不在寒帶；夏季的疾風驟雨，只在溫帶，那瘋狂咆哮的颱風，不在熱帶，亦不在寒帶。可是又分明能在每個地域看到夏的影子。每當溫帶又迎來了一個正午，那高懸的太陽如夏的太陽一樣炙烤著大地，那吐芳的花朵如夏的花一樣含著如火的熱情綻放自己的美麗，那急切的對流雨也如夏的颱風一樣匆匆咆哮後回歸寂靜；每當寒帶又迎來了一個極晝，那終日不落的太陽，那用盡極夜積蓄的力量來使自己開放的花朵，那抓住日光竭力生長的樹木，又哪裡輸給了那些熱烈的夏的事物呢？而擁有夏季的溫帶人們身上的熱情好客執著樸素，又哪裡不在生活於熱帶和寒帶的人們身上出現呢？屬於夏的「加密」了的熱烈，讓獨屬四季分明的溫帶的夏，見於整個世界。

似乎，夏不在任何地方，又似乎，夏本就在任何地方。

可是，每當遇到與我一樣喜愛夏季的人們，我卻總能感到夏季就在我的身邊，離我如此之近。每當談論起夏季那些繁枝茂葉花開不敗，便似乎置身於夏季的花園，吮吸著花木散播的夏的芬芳；每當談論起夏季的驕陽似火暴風驟雨，便似乎置身於一個個或炎熱或涼爽的夏日，感受著陽光和雨水噴吐的夏的氣息；每當談論起夏季的善變天氣，便似乎置身於變化無端的夏季裡，品嘗著瞬息萬變的夏的表情所帶來的驚喜……不論何時，不論何地，心中想到夏季，便總被夏包圍。

原來夏存在於心懷夏季的人們的心裡，夏的密碼，便是他們心懷夏季的心靈。

　　是的，夏季早已超越了時間和空間的限制，成為了心懷夏季者共同的快樂源泉，成為了心懷夏季者共同的心靈憩息地和精神安適處，成為了所有心懷夏季的人們的內在聯繫和紐帶，成為了所有心懷夏季者心中不變的一種期待，不滅的一道風景，使得夏季成為了一種符號，一種象徵，傳遞著這個季節更傳遞著所有心懷夏季者的熱烈氣息。

　　是的，心懷夏季者不死，夏季便永恆存在；心懷夏季的人不死，夏季便處處皆現！

　　是的，我不必再破解「夏的密碼」、追尋夏的氣息。夏的密碼，即是我心；夏季，即在我心！

　　（本文獲二〇一二年第七屆全國創新作文大賽省區級二等獎）

　　夏的密碼是什麼？作者從時間、空間兩個角度去探尋，抒寫了對夏的熱愛，構思立意新穎。在表達方式上，描寫、抒情、議論相結合，字裡行間洋溢著濃濃的情感，極富感染力。

陳　彪

夏的密碼

陳俊霖

雲南省曲靖第一中學二〇一三屆

（現就讀於北京師範大學）

> 雲天殘照月如霜，紅藕嬌開半掩塘，或有珠雨灑，更添幾分香。芙蕖清高夜悠長，瀟瀟急雨雲中降。難解此夏更密語，開軒敞宇納微涼。
>
> ——題記

　　輕風，穿透酷熱的暑氣，捎來一絲清新與涼意。這時，夏日舞臺上最引人注目的女主角——荷花，在月光清暉的照耀下，登上了大自然天成的舞臺。亭亭玉立、搖曳多姿——它為夏夜增添了一絲靜謐中靈動著的神秘。於是，夏的神韻，便更加顯得意蘊悠長了。

　　沒有春季萬豔爭春的喧囂，沒有秋日百花凋殘的肅殺，更無寒冬千里冰封的曠寥。夏，欣欣向榮而更趨成熟，熱烈歡快卻不失穩重。空尋不見，南陌草青香陣陣；回首卻是，東堂蕉影綠搖搖。

　　夏，以其特有的密語，向人們展現出其特有的恬靜中蘊涵著的勃勃生機與巨大活力。

　　自古以來，文人墨客對夏是相對冷淡的，他們沒有為夏留下與春秋一樣多的詩歌文賦。但中國的先賢們對夏的探尋卻從未止息。日躔南天，星移河左，夏竟是如此玄秘，而破譯夏的密碼，便成了古往今來的人們都會面對的命題。

　　於是，先哲們在對夏之密碼的破譯中，還原天道的至理；在對

夏之風韻的品味中，叩問人生的真諦……

荷　韻

　　荷花，無疑是夏日裡最亮麗的一道風景。儘管文人們對夏並不熱情，但他們卻把這些為數不多的熱情幾乎全部傾注到了荷花的身上，所謂「言夏之詩不避荷」。這紫莖文波的精靈，備受文人佳士的青睞。

　　荷韻無聲。

　　那白日裡的荷花，在楊萬里的筆下舒展開成接天的碧葉，日光映照，綻放出別樣紅潤的容顏；到了夜裡，便在朱自清的荷塘中，沐浴著澄明如水的月光恬然地睡去。那早開的小荷，方露尖角，尚小如錢，而蜻蜓早立；而衰荷，便又是紅藕香殘，遍灑珠雨，冷徹寒池，更加撩人愁緒。那水面上的一枝孤荷，當屬李太白「天然去雕飾」的出水芙蓉；然而荷花若是連起片來，便又成為孫犁筆下溫情脈脈的淀泊……

　　荷韻動人。

　　然而，我卻更喜歡周敦頤的荷花：「出淤泥而不染，濯清漣而不妖。中通外直，不蔓不枝，香遠益清，亭亭淨植。」或許，清高是荷的秉性，純潔，則正是荷的箴言！

　　夏的嬌兒，夜的寵兒，荷之雅韻流傳千古，如一杯淡雅的香茗，清香飄散，又沖淡了多少文人心中夏日的夢！

　　荷，是夏的密碼嗎？

夜　韻

　　夏天，給人最深刻的感受自然是酷熱難當的暑氣。誠然，炎夏之熱，確是其他季節所難以比擬的。然而，當山頭的斜陽臉上泛著紅暈一頭紮入山中，收了最後一絲餘暉而扯起滿天的黑幕時，夜降臨了。

　　在夏季，晝長夜短是不爭的事實，但夏夜雖短，卻總給人們留

下難以窮盡的思索與想像。

夜韻悠長。

還記得芳菲歇去雖懷遺憾之意，夏木陰陰卻正當可人之時，主宰了天地的夜，懷揣著無窮無盡的夏之夢，顯得安詳而靜謐，於靜謐中又透著一絲神秘。微風習習，樹影婆娑，不知是野外的茸茸軟草平展著青茵，還是庭前的鬱鬱涼槐高張起翠幄？……

「月明船笛參差起，風定池蓮自在香」。宋代詩人秦少游在夏夜的河畔發出了如是感慨。

夜深了。

但青草間的蟋蟀鳴蟬卻活躍起來了。它們有意要打破夏夜的沉寂。於是，一場大自然的音樂會揭開了序幕。它們不需要多少聽眾，但那一彎新月，卻確實聽得沉醉了……

夜，是夏的密碼嗎？

雨　韻

夏天的雨，全不似春雨柔和細膩，也不同秋雨一般綿綿添愁。與二者相反，夏季的雨，洶湧澎湃，酣暢淋漓。來時聲若萬馬軍中百角齊鳴，勢如千尋峰巔數峰崩墜。其聲勢浩大，銳不可當，確實讓人歎為觀止。夏之雨，便是以柔為性的水中的另類。

雨韻深沉。

夏日的雨，來得迅猛，來得突然。拋除淒怨，摒棄寂寥，只有隆隆雷聲為伴，只有暢快地宣洩和超脫現實的樂觀。勁風撼動庭梧，而這疾雨噴湧而下，卻又綠了河旁細柳，紅了山間榴花。小池殘暑退盡，大地一片清新。雨點灑落在地，更濺起一朵朵水花，繼而騰起一片片薄薄的水霧，亦真亦幻，恍若仙境。

這就是夏日之雨。但見天邊黑雲汩起，須臾便盆傾而下，正當人們感慨其威力巨大時，轉瞬間卻又雲散雨收，彩徹區明。瀟然而來，快哉而去，唯這夏日之雨，有爽朗豁達之氣魄，能給人以干雲

的豪氣。

雨，是夏的密碼嗎？

荷者清，夜者靜，雨者豪放自奔騰，夏日有它的密語，它也因此而絢麗多彩，充滿個性。

我們常把人生比作四時的運行。走過綠草如茵、陽光和煦的春天，步入雨季、步入盛季，不也一如人生在經歷童年的培養與鍛鍊後，步入充滿朝氣與活力的青年嗎？

站在人生的初夏時節，我們的感想有太多太多，但夏的密碼，卻總是難以滲透。

或許，此時的人生，當如荷，特立獨行，堅守高潔；當如夜，靜謐安詳，包容萬物；當如雨，豪邁樂觀，揮灑自如……

夏的密碼，仍是一個古往至今待解的謎題。也許，它便藏在那一輪明月中，跨越千年。在這裡，我們看到了自然，也看到了人生。

（本文獲二〇一二年第七屆全國創新作文大賽省區級一等獎）

善於觀察，精於描寫，在對夏的探秘中，展現出了幅幅精彩之夏日圖景。語言之精練，描寫之形象，凸顯出了散文的文學性，讀之似乎感受到了夏日的清涼，領悟到了夏日的密碼。

陳 彪

鄉風，我在前行中想你

張馨文

雲南省昆明第三中學

前行路上，鄉風不斷，想你，我想擁抱你。

蒼山洱海環繞的下關城中，不知何時聚來一陣陣長年不散的風，大風起時，樹擺猛烈，落葉蜷飛，甚至，止行人步，亂迷人眼。

如今，此番勝景依舊。而幼時，我只覺此風兇猛怪誕，不近人情。方才晴空萬里，風平心靜，一路笑談著，那麼歡暢淋漓，瞬時便狂風大作，呼嘯弄人。於是，經常外出爬蒼山、團山的我行至某段山腰時，便常常會被它牢牢地定在原地，如同施了魔咒一般，動彈不得——頭髮被四處撕扯，衣服脹得鼓鼓，雙眼緊緊黏攏，風沙在臉上肆意展示著它大漠戈壁的洶湧。這其中滋味可想而知。心裡是埋怨和苦恨，是渴望風停的企盼。在被大風困住的時刻裡，世界，彷彿被切開了兩半，一半是我欲行卻止的身軀與心靈，另一半隻剩風的魔爪。顯然，那時候的我，真真切切像極了大灰狼手下手到擒來的小白羊；顯然，那時的我，已將自己與鄉風劃為兩個陣營，而我最終敗在它手下，氣息奄奄。

如今，在昆明的家中，推開窗，風絲絲拂面。漫步在窗外梧桐道上，或許是因為風已被這條道上緊密的樹葉馴服，所以不再如鄉風一樣猛烈。但昆明也有大些的風。還記得小學從家到江岸學琴，

到了秋冬季，風就變得冷峻，凝重。它突然就抽拔向宏大的方向，可卻異於鄉風，是宏大中的另一個側面。晚上九點多學完後，我站在公交月臺等車，寒氣籠上心尖，困倦疲憊難耐，沉沉欲眠。那車很不好等，好不容易等到一輛，卻也沒了座位。那年頭，回家的那段路坑坑窪窪，顛簸難耐，於是，釀好的睡意瞬間撒落一地，心情陡轉直下。耳邊又想起了課上鋼琴老師的批評和好多煩悶之事，腦袋裡雲海翻騰，久久不散。也許是難耐這樣纏綿的憂愁困擾，那一刻，我竟突然很渴望吹起幾陣鄉風來。突然思念起那狂嘯的、粗野的風來。渴望憑藉它們的威力和魔力，把我所有的不快統統帶走，統統淹沒，只剩下又像小時候行至半山腰被定住的次次「對峙」。亦才突然明白，這對峙原來也是一種樂趣。它不是誰控制誰，誰驅使誰，誰贏了誰，誰征服誰，而是一場大風痛痛快快奔我而來，我亦瀟瀟灑灑迎風而立的怦然相遇。就像夏茗悠所說：「讓所有的不安與鬱結，都被那個夏天的暴雨吞噬。」我也要讓那狂風，把我定住，讓我在一片天地澎湃中盡情接受鄉風最真實、最放達不羈的洗禮。那麼，這樣的吞噬不再可怕，不再讓我埋怨，不再讓我難受，不再意味著我失敗，我放棄，我失去鬥志。而是從這猛烈裡獲得最廣闊的寧靜，心靜與心清。所以，昆明雖有大些的風，可它和鄉風比起來，不免婉約了些，沉悶了些。

雖然，與鄉風親密接觸的時間，很少很少；雖然，對鄉風的思念竟是後知後覺，但我知道，我可以用對鄉風的理解填補那些空白的時光，我可以用鄉風的精神不斷鼓舞，延展我前行的路。

我思念的鄉風，像莊子一樣，帶著仙氣，逍遙天地。一身白衣飄飄，不畏沙塵侵襲，不畏權力之手翻雲覆雨，眉宇間流動智慧，靜坐下參悟人生。

我思念的鄉風，豪氣干雲，大風起兮雲飛揚，大鵬一日同風起！

我思念的鄉風，願與自然萬物為友。盡挹西江，細斟北斗，好不歡暢！

　　我思念的鄉風，不是小家碧玉式的，它不精緻，不雋永；

　　我思念的鄉風，它不像那如剪刀般靈巧的春風，可以裁出纖纖細葉；

　　我思念的鄉風，它構不成風花雪月的浪漫意境……

　　可我最思念的鄉風，卻讓我在它看似最劇烈、最害怕的狂然外表下產生真正的徹悟，釋放壓抑的心懷，由而得到成長，由而難忘，由而深刻，由而漸漸學會放下，學會調適，學會大聲勇敢地對這個世界喊出自己的心聲。

　　愛你，鄉風；想你，鄉風。我想，這也是一種詩意吧。

　　文貴在真，文美在情！懷舊是一場病，是一場終身無法治癒的「頑疾」！我也懷念鄉風，懷念無拘無束的明媚笑容，懷念落英繽紛的青春歲月，懷念那些教給我銘記又教會我釋懷的人生之課！

　　由風帶出故園情懷，巧妙而親切。既貼近下關的特點，也符合小作者對成長的理解，可謂文風亦人風啊。文中最精彩的文字盡為對風的形象描寫，緊抓風中物、風中人之形姿意態間接寫出風之態，風已不是風，而成了有情感的物。

　　思鄉有思物，思物顯鄉情。

戴慶華

找回童年

趙田敏

雲南師範大學附屬中學二〇一五屆

這一刻，我停下匆匆向前的步履，在色彩中找回童年的那份純與真。

鵝　毛　白

「鵝，鵝，鵝，曲項向天歌，白毛浮綠水，紅掌撥清波。」我家的那隻大鵝比我更早來到大院，長長的頸，額上有橙黃色的凸起，腳掌大而有蹼，可最讓我喜歡的，是它一身的白毛。從我記事起，就一直與我為伴。

夏天的大院，總有一個女孩追逐著一隻白鵝，女孩「哈哈」大笑，白鵝「嘎嘎」亂叫，總讓大夥不得安寧卻也充滿歡聲笑語。冬天的大院裡，穿著厚棉襖的我喜歡坐在鵝背上，一隻手摸著白白的鵝毛，一隻手拿著奶奶剛煮的紅薯。白鵝與我也確實親近。那時我倆一般高，總一起玩耍，一同進餐。到了傍晚，它便自覺蹲下，讓我坐在它的背上，一起看天空，一起遐想……這樣的瞬間已經定格在我的童年紀念冊裡。

如今，這只比我更早來到這世界上的白鵝仍在我家大院裡延續著生命的奇跡。眼睛已混濁，大概看不清我了，但它那潔白的鵝毛依舊，這是我純真童年的印跡，很慶幸，我還能去面對！

薄　荷　綠

小時候，我總是咳嗽，爺爺便在水池旁老樹下種了一片薄荷，因為覺得薄荷的顏色綠得好看，便喜歡喝薄荷湯，爺爺總是用尖尖上最綠的薄荷葉給我熬湯。每每看到碗裡漂著的那幾片嫩綠的葉，便覺得心裡軟軟的，充滿了暖意。

　　爺爺種的薄荷葉日復一日地伴我長大，在童年的記憶裡，那抹綠讓我懂得了愛，默默的、淡淡的，卻是像人一樣充滿活力。

　　如今，水池邊老樹下那片綠綠的薄荷仍在生長著，那已成為爺爺對我牽掛的寄託，每當吃到綠油油的薄荷，心中一片清爽，便似乎又回到了童年，回到了爺爺為我種薄荷、採薄荷的場景，那是滿滿的愛。很慶幸，我還能去回味！

石　榴　紅

　　老家院子裡那棵石榴樹，結出飽滿的石榴，粒粒紅得誘人。我和奶奶坐在石階上，我抱著一個小紙杯，奶奶把剝好的紅彤彤的石榴放在紙杯裡，我只管一粒粒地品嚼。邊一粒粒吃著，邊聽奶奶給我講關於石榴的傳說，一會兒，嘴邊衣服上全是石榴汁，現在偶然翻找出童年穿過的衣服，小小衣服上那洗不掉的石榴紅，像童年時候點滴歡樂與幸福，是洗不掉的真摯、溫馨與感動！屬於童年的石榴紅。也會是世間最美、最潤的紅。

　　如今，這棵石榴樹還是開花、結果，石榴仍紅得透人、甜得入心。很慶幸，我還能去品嘗！

　　童年記憶裡的那抹白、那抹綠、那抹紅帶我找回童年。找回童年的色彩，為現在激昂的生命著色，讓我未來的人生之路上永存著那一份純真、活力與溫暖。

　　這是一篇當堂完成的限時習作，取材於高考命題作文。本文最大的特色是真實、誠摯地表達了自己對童年的眷戀與深情。作

文最大的要求應該是「我手寫我心」，而不是無病呻吟或牽強地為文造情。本文是「真誠地表達」的範例，小標題式的寫法使全文顯得條理清晰，而「白」、「綠」、「紅」編織出了童年的簡單愛與純真美。

趙海雲

CHAPTER **08**

作文的
起承轉合

淺談作文的起承轉合

戴慶華

　　因為做教研員的緣故，我有機會接觸各地的學生作文，在閱讀這些作文中，我感受最深的就是許多同學在寫作文的時候，不知道文章起承轉合的寫作技巧，寫出來的文章語意缺乏連貫性，從標題到內容不能給人一個清晰完整的印象，感覺只是詞語的堆積。就像有些小孩玩拼圖遊戲，無法還原出圖像的本來面目，叫人看了有些遺憾。高考作文，一般要求從內容、結構和語言三分面來評分，如果語意不連貫，內容就無法有效地照應和詮釋主題，文章的結構自然也不會有很好的邏輯性，這樣的作文，不可能獲得閱卷老師的青睞，即便語言再好，也難取得優異的成績。下文將與同學們交流一下作文起、承、轉、合的寫作技巧及其運用的問題。

　　人在做任何事情的時候，都講求法或規則，做到有法可依，依法而行，才能取得事半功倍的效果。比如工人砌磚牆，如果不懂砌的法度，充其量只是疊積了一堆磚塊，根本達不到承重的功能，更遑論美觀。又如寫毛筆字，不知道運用筆鋒的技巧，寫出來的筆劃一定一場糊塗，字的結構也就達不到對稱、和諧，作品的藝術表現力更是無從說起，即便書寫者再用功，也難進入書法藝術的領域。寫文章也是一樣，如果缺乏方法和技巧，就不能達到文從字順、主題鮮明的表達效果，也就不會是

一篇精彩的文章。古人把文章的技法稱為筆法，比如春秋筆法，想必大家都耳熟能詳了。這是一種技巧很高的寫作技法，傳說為孔子所創，就是在寫文章的時候，以精練、婉轉、曲折的語言表達出作者對是非真假和美醜的態度，達到微言大義的表達效果，左丘明將其稱為「隱而不顯」、「婉而成章」。比如《史記‧廉頗藺相如列傳》寫趙惠文王初見藺相如的一段描寫：

於是王召見，問藺相如曰：「秦王以十五城請易寡人之璧，可予否？」相如曰：「秦強而趙弱，不可不許。」……趙王於是遂遣相如奉璧西入秦。

趙王初次召見藺相如時，文中說的是「問藺相如」，直呼其姓名，而到了末尾則說「於是遂遣相如奉璧西入秦」，只稱其名。一字之差，寫出了趙王前後態度的變化。之前的疑慮、之後的信任和喜愛之情躍然紙上。

再聯繫前文宦者令繆賢對藺相如的大力推薦，不難看出司馬遷對趙惠文王性格多疑的不以為然。春秋筆法所達到寫文章的最高技巧，不是大部分人都能學會的。但普通的文章技巧，我們可以掌握，比如起、承、轉、合的寫作方法。

起、承、轉、合，是構成一篇文章的基本原則，這在古今文章大家的經典裡是經常可以看到的。對學生而言，能夠處理好起、承、合三個部分也就是一篇略具眉目，具有一定可讀性的規範文章了。

在作文中，最考究的就是文章的「起」。即文章的起筆，或開頭，這是文章最難、最重要的部分。說其難，源於心中有萬般思緒，不知從何說起，這是古今作文之人皆有的切身感受。晉代陸機說：「每自屬文，尤見其情，恒患意不稱物，文不逮意，非知之難，能之難也。」即便是陸機這樣的文學大家，也常有意不稱物、文不逮意的時候，究其原因，在於「非知之難，能之難也」，說起來容易，做起來卻不簡單。說其重

要，文章的開頭，就像一首歌的調子，調定得過高或過低，都會令演唱者十分尷尬，搞不好還會出洋相。這就涉及技巧的問題。古人在總結起筆的技巧時，提出了一個重要的概念，就是「破題」或者「切題」、「入題」。意即文章的開頭一定要點破題目的要旨，或者要切入題目的核心。文章都要圍繞題目來作，開頭無論如何寫，都要直接或間接地與題目照應，這是最基本的要求，否則便是無的放矢。大家可以把文章開頭寫得引人入勝，而作為初學者，一般要求做到點明題旨、切入主題即可。比如陳興懷同學寫的〈不可或缺的愛〉，陸薇橙同學寫的〈霜重色愈濃〉，開頭就十分的切題。「愛是一縷縷的香，總是縈繞在我的天空中。如果一定要給它在我的時空裡停留的時間規定一個時限，我希望那會是一萬年。因為這是我們所不可或缺的。」起筆將「愛」譬為縷縷的香，點明它和「我」的感情聯繫，然後用一個因果的句子來點明「愛」於「我」的「不可或缺」，雖然有些簡單，但也算不錯了。而陸薇橙同學的開頭「西山紅葉，霜愈重，色愈濃；世事人生，苦難愈多，愈發熠熠生輝」，在切入題目〈霜重色越濃〉的題旨時，以紅葉經風霜的美來照應和寓指世事人生經歷苦難而有榮光的主題，顯得更加厚重深刻。相比之下，一位同學寫〈慧眼識英雄〉的開頭就有些不切題：「人要有一顆玲瓏剔透的心，要慧眼識英雄，不要讓一雙不明亮的眼睛蒙蔽了你的心，要學會用明亮的眼睛去看世界。」

題目明明是要你談論「英雄與慧眼」的關係，開頭卻言不及義，亂扯一通，不談慧眼，也不談英雄，更不講作者對二者關係的觀點，叫人莫名其妙。我們都學過韓愈的〈馬說〉，為何不從伯樂和千里馬的關係說起呢？有人說高考閱卷速度相當快，幾近秒殺，可能會冤枉同學。其實看這樣的文章，秒殺一點都不過分。

有了好的開頭，承接就有據可依，有徑可循了。比如上面兩位同學的作文。既說清了題旨，展開也就可以在題旨的規範下自由發揮了。比

如陳興懷同學以「康乃馨──淡淡的溫柔之香，普洱茶──濃鬱的深沉之香，茉莉花──淡雅的純真之香」三個物象及其內在品質來展開，與開頭所點明的題旨的照應就相當妥帖。加之文字簡明而有情感，讀來讓人留下深深的印象，似乎看到了其內心的溫暖和馨香。

文章的合，一般是針對結尾來說的。所謂合，就是要在文章的結尾處再點明題旨，或凝練有力，或意味深長，或畫龍點睛，或昇華主題，等等，以收束全文。就像音樂的結尾一樣，既戛然而至，又給人無盡的餘興。下面我們就以一篇高考滿分作文和教師的點評為例，權作文章的結尾吧。

【二〇一二年高考作文題】

閱讀下面材料，根據要求寫一篇不少於八百字的文章。

船主請一位修船工給自己的小船刷油漆。油漆工刷漆的時候，發現船底有個小洞，就順手給補了。

過了些日子，船主來到他家裡道謝，送上一個大紅包。

修船工感到奇怪，說：「您已經給過工錢了。」

船主說：「對，那是刷油漆的錢，這是補漏的報酬。」

修船工說：「哦，那只是順手做的一件小事……」

船主感激地說：「當得知孩子們划船去海上之後，我才想起船底有洞這事兒，絕望極了，覺得他們肯定回不來了。等到他們平安歸來，我才明白是您救了他們。」

要求選好角度，確定立意，明確文體，自擬標題；不要脫離材料內容及含義的範圍作文，不要套作，不得抄襲。

分外之事　分內之責

　　修船工只是順手做了一件小事，一件分外之事。（起筆從材料切入，點明「分外」題旨）

　　我們之所以讚美他，是因為我們生活在一個過於「分工明確」的社會。油漆工只需要刷好油漆，船底有洞，那是船主的事；推銷員只需要賣出商品，品質不佳，那是廠商的事；醫生只需要做好手術，費用高昂，那是患者的事……生產力的飛速發展帶來不斷細化的社會分工，分工帶動效率的提高，但也催生了「事不關己，高高掛起」的社會心理。（承接題旨，揭示修船工行為可貴的社會心理背景）

　　可這些當真只是分外之事嗎？保證船體的安全難道不是油漆工的分內之責？關心產品的品質難道不是銷售者的應盡之職？關注患者的需求難不是醫者的應有之義？（提出自己的觀點——分外即分內）

　　許多天以來，我的腦海中總會時不時地浮現出一個原本平凡的年輕老師的笑臉。她在講臺上站的時間還太短，以至於沒有太多華麗的頭銜。但是當載重的貨車駛向她年幼的學生，她卻願意用自己如花的青春去交換孩子的平安。教書育人，是她的分內之事，但她卻用生命詮釋為人之師所肩負的所有責任。她說：「我不後悔，再

選擇一次，我依然救學生。」以生命交換生命，世俗眼中，這並不是她的「分內之事」啊！

中國人記住張麗莉，正是因為她能夠將狹隘的責任大寫成做人的原則！為了所謂的「分外之事」，她願意付出整個青春和生命的代價。（援引張麗莉事例展開，正面闡述論證觀點）

然而我們的社會又有多少人，連分內之事都無法恪盡職守，更遑論那哪怕只是「一順手」的「分外之事」。（提起反面論證）

我總是想到微博上那些關於「有關部門」的調侃：對現實的笑和揶揄之中，有多少辛酸與無奈。當「建設服務型政府」的呼喚被寫入政治課本，我們卻難免要面對公共服務缺失的現實。想到那些進城務工人員年幼的子女，他們沒有戶口，沒有社會保障，街巷裡的工人小學時時面臨停水停電的無奈。他們被認為是城市的「分外之事」，他們的父母卻為城市的高樓大廈熬白了黑髮。想到前不久駭人聽聞的「毒膠囊」事件，工業明膠生產商對著記者的話筒言之鑿鑿：「我的明膠賣出去後，用來生產什麼我從來就不知道。」我不知道的也許還包括那些含重金屬的膠囊危害了多少人的健康……（轉筆直入社會現實，概述分內之事都不能做好的社會現象）

油漆工說，他只是順手做了一件小事。不錯，被請去刷油漆的他只是做了一件「分外」的小事，卻挽救了船主的孩子們的生命。

究竟什麼是責任，什麼是分外之事，什麼是分內之職？有時只是一個閃念，一件小事，一順手，卻是生死相隔的後果。（關合材料，昇華主題）

留意那些「分外」的小事，盡好自己的分內之責。我只願終有一日，醫者仁心，師道相傳，為政以德，於是我們的時代得以將「責任」二字大寫成一種共識，一份信仰。（總結前文，發出呼籲）

（本文是二〇一二年雲南省高考語文全國課標卷滿分作文）

這是一篇二〇一二年雲南省高考滿分作文。括號中的字部分為教師評點內容。本文既有思想，又有文采，非常符合高考應試作文的類型。文章從分外之事與分內之責立意，審題準確，非常切合題意。闡述了現實生活中一些人尤其是政府管理部門工作人員道德責任心缺失，常以分外之事「踢皮球」相推諉，關注社會現實問題，思考深入而廣泛，憂患意識充盈全文。

語言表達頗見功力，讀起來餘香滿口。雖然也用張麗莉的材料，但敘述語言形象生動，論述語言嚴謹樸實，也都與眾不同。不失為一篇考場佳作。

蔣　文

鐵軌上的灰色童話

姜子瑩

雲南省簡舊第一中學高二年級

甲

　　我不會用水彩去粉飾有些年代的月臺，那些紅瓦黃牆也只屬於那個黑白底片的時代，儘管那個黃昏，暖色調的光線鋪在被稱作滇越鐵路的枕木間，窄窄的雙軌反射著金屬特有的光澤，　亮　亮。法式的洋樓，半圓的百葉窗，白色方磚裝飾的拱門，不遠處寫有「碧色寨」的站牌──彷彿白描畫中的法國小村落。

　　我順著月臺，緩緩地走，想要在尋訪中緩緩老去。抬頭，看褚紅的鐵藝投射在牆面上模糊的陰影。一個早已停止的墨綠色掛鐘，指標凝固在羅馬數字上，有上世紀的懷舊感。進站前，聽守門人說，碧色寨曾是滇越鐵路的重要中轉樞紐，也是個碧石鐵路的始發終點站，人來人往，絡繹不絕。

　　我想著，一組組灰色的影像走馬燈似的浮現、切換、消失。走在鏽跡斑斑的鐵軌上，好像把多年的浮華喧囂一併踩在腳下。兒時曾嬉戲的場景已不復存在，我只想一直走下去，走下去。

　　那時，哥臚洋行如凝重深沉黑色禮服上綴著的流蘇，優雅、靜謐。一幢中西合璧的二層樓房，庭院中纏綿的紫藤丁香，咖啡座間的濃醇香氣，留聲機上不斷抖動的唱針，低回的西洋輕音樂，酒樓中的燈紅酒綠，本地商人指間夾著的玻璃高腳杯，晃蕩的法國葡萄

酒或是白蘭地，邊陲小鎮第一次觸到西方文明世界的呼吸。也許對工業革命還不太熟悉，火車汽笛的轟鳴卻已成為入夢的夜曲。對於我，這一切已太老太老，老得只剩下站牌上黑黑的陌生的名字——三家村、可保村、宜良、駐馬哨、大樹塘、拉里黑……仿若冗長的家譜中密密麻麻的名姓，根系無限延長，延長，卻不知道起點在哪裡。

乙

　　徐徐展開羊皮紙作的個碧石鐵路路線圖，邊緣深深的摺痕肆意蔓延，如跳動的火色舔舐一段老去的回憶。是風是雨是經年的磨洗是歷史的軌跡，是風雨飄搖的末路王朝謝幕的背影，是存亡難料時的偉大民族轉身時的堅毅，是內憂外患中古老國度含淚時的屈辱，是文質彬彬的中國人伏案苦思後救亡圖存的滿腹義憤。我暗想，牆上凝固的四面鐘指針飛速迴旋，周遭黯然失色。

　　二十世紀初的中國，氣息奄奄、日薄西山，在黎明前的漫漫長夜中苦苦求索，有著無聲電影中淫雨霏霏的沉寂。民國時期殘破頹敗的建築，浸濕在綿綿的冷雨中。雨愈下愈大，淅淅瀝瀝，如怨如慕，如泣如訴。窮愁潦倒，困頓、腐朽、落後，偌大的中國，只剩下如此衰零的詞眼，陰魂似的，彷徨迷茫。近代的一兩百年來，它已目睹了太多帝國主義的硝煙炮火，嘗遍了酸甜苦辣的人世百態。《南京條約》、《馬關條約》、《辛丑合約》……一箋箋的信箋已壓得它難以喘息，公使館、租界地、割地、賠款……繁多的條目已讓它陣陣痛心。被攫取的築路權，瓜分的狂潮，膨脹的野心……即使一九一〇年建成通車的滇越鐵路也不過是法國殖民擴張下疲軟的棋具。

　　千千萬萬有識之士疾呼，在猛烈的狂風中，國在哪裡？家在哪裡？中國的主權又在哪裡？

　　於是，疾呼呼出一條寬不足一米的寸軌鐵路——個碧石鐵路，

它注定是沿途懸掛著的一盞煤油點燃的老式馬燈，一點既往的蹉跎歲月中微明的火光，在漆黑的路的盡頭，不老地搖曳。作為二十世紀上半期雲南箇舊錫礦工業者為抵禦法帝國主義進一步掠奪我國路權、礦權、便利滇南運輸及箇舊錫業的發展而集資興建的民營鐵路，它見證了歷史的變遷，見證了一座小城的盛衰榮辱，是歲月風霜的真實寫照，更是雲南人心口的那顆朱砂痣。

馬幫清脆的響鈴，蜿蜒崎嶇的山徑，消失在一九三六年十月十日那個尋常的清晨。那天，全長一百七十七公里，自一九一五年五月開工，歷時二十一年零五個月的箇碧石鐵路竣工通車。那天，滾滾的濃煙掩去了近村屋舍裡的嫋嫋的炊煙。

那天，空氣中彌漫著溫熱的氣體。那天，剪去辮子脫去長衫的中國第一次在艱辛的近代歷程中露出敦厚溫雅的笑容，民族資本主義的崛起與迅速發展抹平了它的少許傷痛。

在此之前，一位老者的目光曾穿越歷史厚重的塵埃，穿過遍體鱗傷的中國大地，打量箇舊的路途。他毅然放棄鐵枕選擇木枕，他潛心培養中國人才，他果斷決定建造寸軌，一次又一次地改變了鐵路的命運。他的人生走向鐵軌重合，在血與淚、汗與水的交織中，昭示著一個民族企業家的氣魄與氣節。

他就是陳鶴亭，一九一四年任箇碧石鐵路公司總協理。至今，石屏寶秀鄭營村還遺存著一幢老式院宅，當地人稱為「陳氏宗祠」。
丙

清晨的水霧尚未散去，我已在午旬車站徘徊。「遠芳侵古道，晴翠接荒城」，平行的鐵軌在蔥綠的草木中時隱時現，殘露幾許。灰墨色的水鶴依然站立。我喜歡它的名字，水鶴是給機車供水的設備，四五米高，外實中空，開啟時如柱的流水便通過水鶴柱上灌而從水鶴嘴流淌到蒸汽機車的蓄水箱或煤水車裡。老人們常說「火車沒有汽車快」，小火車時常半路停靠加水，此時，人們甚至跳下車

箱緊走幾步還能追上上坡的火車。於是，鐵軌兩旁多了背簍、民族服飾、濃重鄉音的叫賣。質樸的微笑，與此相關的物什有：木瓜、涼水、南瓜子、涼米線、石榴、米花糖、沙糕、獅子糕、鹹鴨蛋、煮糯包穀、青藤、爬山虎、紫丁香、夾竹桃、緬桂花、雞冠花、柿子花。有時可以看到黑頭山民們用竹竿夾食物送進車窗的場景。火車上，人們相對而坐，中間不足一米過道僅容一人側身而過。路途漫長。

有人說，乘坐個碧石鐵路火車，會有一種時空和地理錯過的感覺：你會遺忘年代，也會遺忘地域——是在亞細亞的紅土高原還是在歐羅巴的阿爾卑斯山脈，唯有沿線如花的風俗閃動著雲南的影子。

我沿著離箇舊較近的鐵軌一路尋回，卻一次次中斷在荒涼的草野，不見它的痕跡。譬如火谷都車站而今只餘下一個不大的月臺，粉黃色的牆體已不復當初舊容，也只有白底黑字指示牌一如往昔。我立在牌前，難以移步，感慨萬千。一旁的老人手搖殘缺的蒲扇，幾縷銀絲在風中飄動，問明我的來意後，不住地歎息道：「鐵軌嘛，幾年前拆除了，一根不剩了，現在，很少有人提到了。」

悵然若失，我和它都在城市文明前低下了頭。

我似乎聽到昔日的汽笛聲，一如老者衰弱的喘息，在村口，迴蕩不已。

丁

「法國樓」，箇舊人如此稱呼它——個碧臨屏鐵路公司舊址。掩映在香樟樹綿密枝葉下的法式建築，拱形門，公司近於齒輪樣式的標誌為鏤空雕飾，門頭對稱的波形浮雕，頗有幾分浪漫氣息。時已入夜，內廳的燈光，漫溢而出，加深了門坊的陰影，也加深了立體感。門內殘存一段鐵軌留以記憶，暗淡無光，馬燈早已熄滅。我選了餐廳走廊的安靜一隅坐下，翻看手邊介紹個碧石鐵路的舊報紙。

背靠著鵝毛黃色牆壁，上面西洋掛鐘滴答滴答地敲擊。墨綠色的百葉窗半掩著，青藤漫上窗臺，伴著燭光。我淡然地倚著藤椅，點了幾個精緻的菜肴，重溫著一座小城百年小火車的不老童話。

（本文獲二〇一〇年第六屆「恆源祥文學之星」中學生作文大賽特等獎）

「鐵軌上的灰色童話」一文，以百年滇越鐵路為背景，熔歷史與現實為一爐，折射出滇越鐵路蘊涵的百年來國家民族命運的縮影，巧妙地點明歷史是一個永遠的存在。

文章選材緊湊，扣住滇越鐵路「個碧石」這一段著筆，以小見大，視野開闊，讓人領略到東西方文明在雲南邊疆交融的世界文化的芬芳，可讀性極強！

王　麗

不可或缺的愛

陳興懷

雲南省昭通第一中學高一年級

愛，在心間，於你我，亙古永存！

——題記

愛是一縷縷的香，總是縈繞在我的天空中。如果一定要給它在我的時空裡停留的時間規定一個時限，我希望那會是一萬年。因為這是我們所不可或缺的。

康乃馨——淡淡的溫柔之香

總會在受挫時，一股淡淡的溫柔之香悄悄地出現在我的天空中。空氣中這淡淡的香親吻著我的額頭，用清清的、淡淡的香，使我受傷的翅膀慢慢癒合。我不記得我曾在成長的過程中折斷過多少次翅膀，我只清楚地知道，每一次的受傷，空氣中總會彌漫著這一股熟悉的淡淡的香。於是，我慢慢地去追尋這香的源頭，原來，它是從母愛裡散發出來的。這時，剛從稚嫩走向成熟的心靈才知道，母愛是如此偉大。我猛然回首：一個小女孩正慢慢地長大，伴隨著一張憧憬未來五彩繽紛的笑臉，慢慢地、慢慢地成長起來。無論她的成長過程如何，在她的周圍，總是可以感受到一股淡淡的、溫柔的香。因為在她的背後，總有一個偉大的女人——她的母親。這香，便是她愛的表達，如康乃馨般的溫柔、細膩，這香將伴隨我，直到永遠。

作文的起承轉合　Chapter **08**

397

普洱茶——濃鬱的深沉之香

　　年輕的我們，總是因自己擁有青春而輕狂，以至於在人生的旅途中，我們總是會犯下許多大大小小的錯。然而，總在這個時候，總會有一股濃鬱的茶香，不斷鑽進我們的頭腦，讓我們再度清醒，讓我們認識錯誤，改正錯誤。年少輕狂的我們，面對著即將逝去的青春，正需要這濃濃的普洱茶香讓我們保持清醒的頭腦，少犯錯誤。漫漫人生路，我們犯下的錯誤會像用釘子釘在板上的孔，越來越多，無法彌補。因此，這濃鬱的茶香，正是我們頭腦的清醒劑。這清醒劑，便是那偉岸、高大的父親給予的深沉的父愛。這父愛，這茶香，讓我們的人生釘板不至於千瘡百孔。濃鬱的茶香，深沉的父愛，將永遠留在我的心中。

茉莉花——淡雅的純真之香

　　我的世界，因為有你們才會美；我的天空，因為有你們才蔚藍。你們給我快樂，為我傷心，為我流淚。你們的話語，你們的笑臉，是我記憶最深處的美。曾經的曾經，你們陪我哭陪我笑；現在的現在，你們為我喜為我愁；將來的將來，我們一同享受世界上最美的陽光。你們便是我最心愛的弟弟妹妹。你們給我的愛，如那茉莉花般純真，透著無限的真摯，散發陣陣淡雅芳香。這香，永存；這愛，永存。

　　我的人生，正有了這些愛才會完整。這些香，這些愛，都是不可或缺的。有了它們的陪伴，我的人生才會完美。所以，我要慢慢品味它們，我要讓它們永存心底，反覆回味！

　　作者思路清晰，語言流暢，敘述與抒情交融，以「香」寫愛，以「花」寫愛，以「茶」寫愛，切入巧妙。母愛溫柔，父愛深沉，姊妹之愛純真，人世間最美好的親情在雋永清新的文字中

默默流淌，散發著讓人沉醉的芬芳。

程興明

霜重色愈濃

陸薇橙

雲南省文山第一中學
（現就讀於武漢大學）

西山紅葉，霜愈重，色愈濃；

世事人生，苦難愈多，愈發熠熠生輝。

冰心老人曾說，人愈多流淚而愈見清明，心因飽經憂患而愈見豐厚。

史鐵生，便是那波濤滾滾時光長河中驚天地、泣鬼神的豐碑。

有人說，史鐵生之後，論生是輕浮的，談死是矯情的，只因史鐵生在生死之間堅如磐石。雙腿殘廢，他失去作為一個普通人行走奔跑的快樂；身患尿毒癥，讓他幾次徘徊在輕生的邊緣。這樣的苦難，對於任何人來說，都是靈魂深處最徹骨的傷痕，可史鐵生殘缺的身體飽含著他豐厚的思想，苦苦追尋著人之為人的價值與光輝。他對苦難的淡然，對生活的熱愛，使他的文字總有平靜中震撼人心的力量，終讓他通過自己的文字，自己的思想，自己的意志力量，在崎嶇山路中走出了一條非比尋常的人生之路，他在太多的苦難面前，堅韌地走出了更為多彩的一生。

史鐵生在苦難面前的挺拔與不屈，留給後世無盡的思考與慨歎，他猶如那西山的紅葉，霜愈重，色愈濃。

最是世間留不住，朱顏離鏡花離樹。

林肯的朱顏，在眾多苦難的輪迴變換中卻愈發的明靜有神。

曾經，在美國的天空下，再次經商失敗的林肯眼裡充斥著寂寥悲涼，那雙洗盡鉛華的手，卻在堅韌的前進中撐起一片更為廣闊的蒼穹。十一次參加選舉八次落選的林肯，終在人生的路口創造出了不可一世的絢爛。林肯，美國第十六任總統，踏碎橫亙在眼前的種種磨難，在那一片沃土之中，終走出一條完美的人生之路，輝煌，綺麗。

　　林肯的一生，是傳奇而苦難的一生。他在八次的起起伏伏中挺拔地向上，在那一次又一次的苦難中，一步又一步地開拓出通向總統大門的路途。苦難愈多，愈發耀眼。

　　羅素曾說，參差多態乃是幸福的本源。人們總是仰望羨慕著別人的幸福，一回頭，卻發現自己也被仰望和羨慕著。其實每個人都是幸福的，只是，你的幸福常常在別人眼裡，而懂得戰勝苦難的人，幸福往往在自己手裡。史鐵生與林肯把幸福緊緊挱在自己手中，無論苦難多麼深重，失敗多麼痛苦，只因他們深深地理解這句話：「霜重色愈濃！」你想過普通的生活，就會遇到普通的挫折，你想過最好的人生，就會遇到最強的傷害，這世界很公平。人生在世，我們從荊棘中一次又一次地跨過，誰都不可能風平浪靜地過完一輩子，在通向未來的路上，充斥著數不清的苦難，這世界需要我們克服種種艱險，去擁抱每一個明朗的今天。

　　讓我們在苦難中堅定地道一句，霜愈重，色愈濃。

　　作者把「霜」巧妙地演化成了生命中的苦難，深入論述了「霜重色愈濃」，「世事人生，苦難愈多，愈發熠熠生輝」，全文論據充分，思路清晰，邏輯嚴密，富有濃烈的思辨色彩。
　　良好的語言表達也是一個突出的特點，如「史鐵生之後，論生是輕浮的，談死是矯情的」，意味雋永，回味無窮；「你想過

普通的生活，就會遇到普通的挫折，你想過最好的人生，就會遇到最強的傷害」，含義豐富，耐人尋味。

王懷靜

自然給我的啟示

謝竹馨月

雲南省昆明第一中學二〇一二屆
（現就讀於昆明醫科大學）

一次又一次的相見，一次又一次的改變，也伴隨著一次又一次的失落。

——題記

風卷著細浪從遠處湧來，白色的浪花散在了金色的沙灘之上，海鳥站在石頭上欣賞著遠處襲來的浪花，開心地叫喚著，與大海對話，一個俯衝銜起藏在金沙中的貝殼……

這是七年前的海南，而現在，卷著白沫的浪花打在灰色的沙灘上，海鳥躲到了無人問津的地方，躺在沙灘上的貝殼已換成曬日光浴的男男女女……兩顧海南給我留下的不再是來自大自然的那份悠然，而是熙熙攘攘的人群；不再是單一的海浪聲，而是來自各地的喧嘩……

隨著社會經濟的發展和人民收入的提高，人們的消費水準也在不斷提高，旅行者的腳步踏入了各個旅遊景區，難道這注定要打破自然的寧靜與純潔嗎？

麗江，我去過三次，所見一次與一次不同。第一次走進麗江古城，嘩啦啦的水流帶著水車轉動，河水清澈見底，流過石板橋，流入每戶人家的門前，風鈴在風中歌唱，小販在一旁叫賣……第二次踏入古城，只見商店林立，看到的是來來往往的人群，手中提著大

包小包，急急忙忙地衝進一個又一個商店，河邊坐滿了吃飯的人，吵吵嚷嚷的聲音蓋過了流水聲，河水已有些混濁……第三次擠入古城是在一個晚上，夜晚並沒有給古鎮帶來片刻寧靜，坐在河邊吹拉彈唱的「歌星」，擠在石橋上看熱鬧的人，河中漂過的一個又一個的河燈……

難道商業化的氣息，注定要掩蓋人文景觀的寧靜與質樸嗎？

這個暑假我去了香格里拉的普達措，這是中國第一個國家公園，它的美在我看來是獨一無二的。

早晨霧氣未散，屬都湖籠罩著一層白霧，周圍的一切睡意濃濃。太陽光斜射樹林，甚至可以看到光從樹縫中溢下來。再往前走，碧塔海上飄著一片輕紗，微風拂起層層漣漪。草甸上的馬自由地品嘗著美味的青草，蝴蝶停在花上，膽大的松鼠從樹上躥下來向你討要東西吃。雲影投在草墊上，雄鷹在天空自由飛翔，酥油花在山坡上綻放著笑臉……這便是傳說中的「世外桃源」，是大自然造就的「天堂」。

面對如此美麗的景色，還是有人忍心傷害她，湖面偶而漂著吸過的氧氣瓶和讓人噁心的口痰，而旁邊的垃圾筒卻張著大嘴無人問津。在排隊進入景區車輛望不到頭的這樣一個國家公園之中竟有如此景象，那其他地方呢？我不敢第二次進入普達措，因為我害怕看到這尚存的無邪純淨被更加肆意的踐踏……

我不知道去哪裡才可以找到真正完全的初始的美麗，我也不敢去找，因為人的腳步之後初始便不復當初。

旅遊業的發展可以給當地帶來更多的財富，自以為聰明的人們向大自然索要著。不斷開發更多的旅遊景點而不顧自然的負荷，打開景區大門歡迎來自四面八方的人們。玉龍雪山上的冰川消融了，麗江古城的水流混濁了，寧靜的四方街成了「購物天堂」，就連國家公園中也有一眼望不頭的人的長龍。

為何人們總是不珍愛最初的美好？為何總是在失去之後才會懂得珍惜？難道凡事只要有人類的介入就意味著毀滅嗎？是我們太不懂事還是自然太過寬容？她一次又一次地容忍我們幼稚的行為，也許當她再也無法承受我們無情的奪取之時，她將毀滅，而我們也將消失。珍惜初始，不要讓它成為我們的回憶，而是與我們永遠相伴。

　　人類也是自然界的一員，為什麼美麗的初始卻不能因為有你而存在！

　　小作者兩次海南遊，三次麗江遊，感受最深的是美景的消逝。這都是因為人類對自然肆意的破壞、踐踏。面對已經不夠純淨的香格里拉普達措，作者的擔憂讓讀者的心也隨著她緊繃。因為真實的經歷，真實的感受，配上真誠的文字，作品顯得尤為動人。

　　　　　　　　　　　　　　　　　　　　　　　　羅　怡

災　害

環雨聲

雲南省大理第一中學

（現就讀於北京大學）

　　千禧年後，世界並未像梵蒂岡教皇若望保祿所預言的一樣：安寧、和平。相反，一次次的災害迫使你我習慣於聽到動輒成百上千的死亡數字。救援、重建，重建、救援……靜心反思恍悟：只有災前的充分預防才是抗災的最有效途徑。

　　無情的地震在風光綺旎的加勒比海上劃出了一道醜陋的傷痕——海地國一片廢墟，哀鴻遍野，三十萬條生命，深埋在熱帶酸濕的紅壤下，便是永遠。不久後，南美智利八點八級的強震，破壞力遠超海地之震，導致的死傷人數卻僅有百人，首都聖地牙哥僅有一棟房屋倒塌。差別之大，令人唏噓不已。

　　智利的「幸運」並非偶然，而是與智利政府嚴格的防震措施和全民的自覺意識密切相關——每戶公民建房前必須接受政府細緻的檢查，交房後政府都會例行檢測建築品質。公民也自覺避免建造高樓，而選擇抗震程度高的「傾斜式矮層樓房」。細細盤算，災前預防措施所耗財力遠低於震後救援、重建費用，更重要的是挽救了無以計數的生命。由此觀之，未雨綢繆，防患於未然，是災害頻發區的必然選擇。

　　在現實情況中，許多深受自然災害之苦的國家多為貧窮落後之邦，客觀上沒有預防災害的經濟實力和科技實力。面對如此困境，

是否就沒有解決途徑？

二○○四年末的印尼海嘯，波及印尼、菲律賓、泰國及孟加拉等第三世界國家，掠去近二十萬條生命。該地帶位於環太平洋火山地震帶上，素有「地震災害超市」之稱。各國政府意識到類似災害在未來仍有發生的可能，大家必須聯合起來，共同預防災害！

次年，由上述各國宣導建立的「印度洋海嘯預警系統」進入籌備階段。各國單獨力量雖然弱小，但聯合在一起卻有意想不到的效果。不久該系統便投入使用。在後來幾年中該地區也發生過幾次因海底地震而引發的海嘯，但正是有了各國聯合的預防措施，我們再未聽到任何因海嘯引發的大規模損失。印度洋海濱各國，正如一串晶瑩珍珠，綻放出耀眼的光芒。

中國，自古以來便飽受災害的打擊，但從未被打倒。可我們絕不能聽之任之，用災後救援來代替災前預防。只有政府加大防災投入，嚴格監督防災工程建設品質；只有你我提高防災意識，自覺遵守防災要求，才能真正減小災害損失，同時，也愛護了每一位「兄弟姐妹」。

災前做好預防工作，讓我們的眼眸不再因災害而常含淚水！

這是一篇考場作文，論及一個很有現實意義的話題，作者有鮮明的觀點，切實的分析。儘管從「解決問題」方面來看少有論及，難以深入，但關注身邊、關心現實、思考未來的作文思想值得充分肯定，也是學子們應學習的。我們需要摒棄的是那種無病呻吟的大話空話，而只要是真實的觀察與思考，無論涉及話題的大小，都應當鼓勵。

王懷靜

愛是一棵會開花的樹

吳瀟怡

雲南省楚雄第一中學

　　愛是一棵會開花的樹，無私播種，真情滋潤，落英繽紛。

　　愛是一棵會開花的樹，奉獻澆灌，不悔滋潤，溫暖叢生。

　　生命的道路兩旁，種滿了愛這一棵棵會開花的樹，世界呀，便因它們而美麗；生活，也因為它們而芬芳。

　　無私花開，春暖人間。

　　生活的淒風苦雨，她用寬厚的背去擋；歲月的傷痕，她用粗糙的雙手輕輕拂去。支起課桌，擋住風雨，愛心小院裡書聲琅琅；播種善良，澆灌真情，無私的愛終長成參天大樹。十四年如一日，即使生活艱難，她依然是生命道路上無悔的耕耘者，從不拒絕求助的雙手；十四年如一日，縱然前路泥濘難行，她仍然將善良的種子、大愛的滋潤盡力播向四方。這便是高淑珍的十四年，無私的種子終成參天大樹，開滿溫暖的花。芬芳馥鬱，由愛孕育，又溫暖真情，傳送大愛。愛，孕育了無私的種子，長成一棵會開花的樹，無私、善良、母愛的花瓣繽紛嬌豔，春暖人間。

　　奉獻花開，春暖人間。

　　走在寂寞的懸崖邊，他們毫不猶豫地拉起孩子們求學的小手；走在崎嶇的山路上，愛的力量，開出希望的花。放棄都市的繁華，他們毅然把愛的種子播種在環境艱苦的彝寨，教書育人，傳播知

識，十九年如一日，李桂林、陸建芬夫婦，用奉獻澆灌，用不悔浸潤泥土。愛的種子，終於萌發成參天大樹，開出溫暖的花。桃李芬芳，因愛而生，又回報了真情，傳播真理。愛，孕育了奉獻的種子，長成一棵會開花的樹，奉獻、無悔、希望的花蕾迎風吐豔，春暖人間。

大愛花開，春暖人間。

走在生命的道路兩旁，我醉了：醉於這萬千枝條的芬芳，空氣裡彌漫著無私奉獻的味道，神州春滿園；醉於這愛的芬芳飄來的愛的正能量，仿若一股粉紅色的暖流，潺潺地流入我的心房。這一個古老的國度啊，愛的歌謠傳唱了千年，愛的芬芳飄散了千年——昭君用不悔的愛成就了一段和平的歲月，無悔的大愛，香溢千年；仁人志士用鮮血和生命為代價，大愛的溫暖，鞭策著我們向前；女生何玥，無悔地捐出自己，命運的花朵凋零了，大愛的芬芳卻永遠縈繞在人們心田……無悔的人們，走在播種愛的道路上，這一個古老的國度，因愛而暖，因愛而美，因愛芬芳！

愛是一棵會開花的樹，我願以無私為種，奉獻為露，真情滋潤，讓世界因它們而美麗，生活因它們而芬芳！

此文語言精美，結構勻稱，主題突出，展示出較高的寫作功力。開頭以「愛是一棵會開花的樹」點明主題引入下文，結尾再以「愛是一棵會開花的樹」作結，首尾相應且圓和。

楊蔚蔭

人生·痕跡

馬永吉
雲南省昭通第一中學高一年級

安靜的花兒在安詳的夜晚默默開放，輪迴的雨、迴環的風見證她生長的痕跡；南飛的燕子在純潔的天空悄悄徘徊，不變的樹和萬變的雲珍存她離開的痕跡；悠然的列車在熟悉的路上靜靜行駛，透景的窗戶、透心的燈在細數那時光的痕跡。有一種旅行，輕描淡寫；有一種人生，細細留痕。

「多少人曾愛慕你年輕時的容顏，可是誰能承受歲月無情的變遷。」一轉身便離去的歲月，有多少讓我一生都不能忘記。在小時候不知道痕跡是什麼，只記得離開田地時，回頭望見兩排小小的腳印，只是會心一笑，然後馬上跑回家去；只記得爸爸媽媽背著我時回頭看，有一直跟著我們的影子；只記得用全力將石子拋入水中，驚起一圈一圈的連漪……當我再一次站在小時候幸福的地方時，一切都已不在，小小的腳印已被深深埋在土中，已聽不見腳與泥土的竊竊私語；我已不需要爸爸媽媽背，已記不清伏在父母背上睡著時夢中的場景；水一直在流，是否是小時候的那些，是否記得與現在不一樣的水花是什麼樣？

現在的我一人坐著仰望天空，望著天空中的星星，你是不是小時候的那一顆？你是否還能回憶起我曾只告訴過你的秘密？我曾以為歲月無情，悄然即逝，但總有那些不經意間的痕跡讓我又想起那

些我做過的事，那些我愛過的人。也許是衣櫃中壓在最下面的已經穿不得的衣服，讓我想起我曾經穿著它說出人生的第一句話；也許是珍藏已久的卡片，讓我想起那青澀卻幸福的問候；也許是父母頭上難掩的白髮，讓我銘記生命中他們給我所有的愛和牽掛，讓我深思生命中我還有很多值得珍惜，還有很多事等待我去做，父母給了我整個世界。

涙水並不屬於我們，而屬於涙水自己；愛不珍存愛，只能由我們來選擇收藏。做一個天真的孩童，去揀拾愛的分幣。人有人生劃過美麗的弧線，做一個尋夢的少年，去選擇真誠，去感悟屬於自己的人生痕跡。我們每個人都想為別人、為這個世界留下一個關於自己的記憶，不要去奢求，只是努力去留下一個痕跡，證明自己曾存在過，曾付出過。

翻開珍貴的日記和作業本，那上面一點點墨水，一個個字印，一圈圈指紋是我們奮鬥的詮釋，心情的永存；望向難忘的課桌和講臺，桌面上一點點的凹凸不平，黑板上一絲絲粉筆塵，地上依稀可見的摩擦印，都是我們熱血的青春、如花的年華、永遠的友誼的微小縮影，也許是那不可或缺、不能抹去的人生痕跡。

有一種痕跡，能使人找到心的方向和未來的路；有一種痕跡，能讓人得到愛的歸宿和生命的價值；有一種痕跡，能幫人找回美好的回憶和曾經未完成的夢。不論是怎樣的痕跡都是那最值得珍惜的人生財富。而人生本身就是一種痕跡，也許你用奮鬥來修飾，也許你用愛來裝點，也許你用回憶來封存。人生，是一道道痕跡，我們應該做的是讓它更深、更美或者只是真正屬於自己。

有一種叫人生的痕跡，也許已不再完美；有一種痕跡叫人生，也許永遠完美如初。

情感深沉而細膩，語言如低緩潺潺的泉水在山谷淙淙流淌，於是一朵花，一縷燈光，一段歌，一圈漣漪，一顆星星，一點墨蹟——就鑄就了我們的人生。小中見大，細處見著，回味永醇。

程興明

綠意世界

吳　帆

雲南省文山第一中學

（現就讀於北京大學）

如果一簇玫瑰沒有綠葉，那是否顯得太過豔麗而焦躁？

如果一池荷花沒有綠葉，那是否顯得太過單調而乏味？

如果一個世界沒有綠意，那是否顯得太過孤單而無力？

我們的世界需要那平凡卻又珍貴的綠意，需要每一個普通人的手，推動著這個綠色的星球前進。

約伯斯無疑是世界的一朵太陽花，他用他的智慧、創造力和超人的勇氣實現了改變世界的諾言。他永遠是太陽的信使，而其他人永遠追隨著他的方向。但是，若沒有公司裡各個部門盡職工作的職員，沒有這些綠色的小草，他又怎能承受住太陽熾熱的溫度。公司裡的員工各司其職，盡心盡力，為約伯斯的每一個創意尋找最合適的原材料，配置最精確的配件，最終成就一次次的傳奇。

世界需要綠意，需要每一個平凡人的盡心盡力。

三毛是一朵燦爛開放於陽光下的雛菊。她用最平淡卻又最能打動人心的筆觸記錄下了大漠中的美妙與可愛。她是溫柔不屈的雛菊，而其他人拜倒在她的花香之下。但若沒有撒哈拉人的存在與生活痕跡，只有那空無一人的大漠在嘶吼，雛菊又怎能把那奇妙的、充滿異域風情的味道融入花瓣，散發誘人的馨香。撒哈拉人是大漠裡的綠草，他們用平凡的生活和質樸的語言為三毛提供了最原始、

最真實的素材，成就灑脫不屈的雛菊的綻放。

世界需要綠意，需要每一個普通人善待生活。

我們每一個人都是一朵花，在不同的季節散發自身的光彩。我們每個人也都應是一株草，在未開放的時節襯托他人，染綠世界。最美的張麗莉老師是一棵奉獻青春給學生的小草，但她的勇敢讓她成為了我們心中最美的向日葵；軍人李文波也只是南海岸上的一棵草，但他在永暑礁保衛祖國的二十一年讓他成為了我們心中倔強的馬蘭；周月華也只是一棵行走在鄉間小道上的小草，但她的仁心讓她成為了我們心中高潔的蘭花。

世界需要綠意，需要每朵花開放前的奉獻與堅守。

我們每個人都是平凡的小草，但把平凡的事做好了，我們也會變為一朵花，在適當的時節為這世界散發馨香；之後，花瓣凋零，我們又一次輪迴，用自己纖小而有力的小手，推動著綠意世界緩緩前行。

文章開頭用三個生動的比喻引出「世界需要那平凡卻又珍貴的綠意」的中心論點，接著用約伯斯、三毛的事例證明自己的觀點，然後以張麗莉、李文波、周月華的事例來深化文章主題，末尾以抒情性的語言闡明自己的觀點，同時回應標題和開頭，全文思路清晰，語言暢達，修辭手法的運用增加了文章的表現力和感染力。本文是一篇立意獨特、中心突出、選材具有時代性的優秀作文。

王懷靜

將微光變成光芒

宋再偉

雲南省文山第一中學
（現就讀於北京大學）

如今我們行色匆匆地行走在自己的路上，渴望著有朝一日實現理想。

一邊感歎著所謂「天才」的微光，一邊努力著向他們靠近，卻漸漸將我們內心的微光遺忘了，殊不知我們的平凡和平庸正是因為我們否認了自己的微光。

於是，將我們的微光變成光芒，便成了一件至關重要的事情。

詩人們抓住生活中的微光，吟唱著人間的純真與清新，並能守護自己的微光，讓後來的每個讀者看到閃爍在詩句中的處處光芒。明代大儒陳白沙的「記得兒時好，跟隨阿娘去吃菜，門前磨螺殼，巷口弄泥沙；而今人長大，心事亂如麻」，多麼美好的詩句，我們看到便心生波瀾，將思緒拉回到我們的童年。事實上我們也能脫口就說出這樣的直白詩句，只不過陳白沙大師抓住了自己的微光，終使之流芳百世，變成光芒。

電子工程師們抓住生活的微光，探究著科技的深邃、精妙，沿著自己的微光，為人類開啟了一道道科技之門，將自己的微光變成人人皆知的光芒。對人類科技作出巨大貢獻的約伯斯，生前擔任蘋果公司 CEO，先後帶領公司人員研發出蘋果電腦、iPhone、iPad 等系列產品，使全人類的生活進入一個更為便捷的時代。而蘋果系列

產品的誕生，正是因為「喬幫主」重視自己腦中不斷湧現的創意微光。

音樂家們抓住生活的微光，折射出生活的感動與親切，讓微光成為瀰漫在曲調裡的光芒。悠揚的〈藍色多瑙河〉流傳於世，深受世人喜愛，它的誕生不過是因為作曲家小約翰・施特勞斯在用餐時的靈感一現，把譜好的曲子寫在了袖口上。音樂家們憑著藝術細胞的微光，將一閃而過的念頭記錄下來，就創造出一首首經典名曲。

……

因此，當我們一味努力成為某個成功的「別人」時，不妨去感知自己的微光，認識自己的微光並抓住它，或許我們就能擁有日後的萬丈光芒。

有自己獨特的思想，有自己獨特的個性，是每一位教育工作者渴望培養出的人才，但是現實生活中我們每一個人卻不知不覺中重複著別人的路，我們應該怎麼辦？

作者為我們闡述了全新的理念，「將微光變成光芒」，發現自己的長處，感知自己的微光，讓自己也變成那「萬丈光芒」。

在文章中，作者表明了自己的認識和見解，也表明了自己作為一個獨立自主的人的自信，文章一氣呵成，結構清晰，用詞貼切，是一篇優秀的考場作文。

王懷靜

給自己留出生命的空間

彭聆然

雲南省文山第一中學

（現就讀於清華大學）

從花鳥市場買回一株蘭花，我翻前翻後終於找到一個我喜歡的花盆，洗淨，填入泥土，一層比一層蓋得嚴實。父親走過來，拿起花盆，倒空了泥土對我說：「孩子，若想讓蘭花活得長久，你要在盆底留一個小洞，這是給它留出生命的空間啊！」

對呀！竹子傲然挺立，雖纖瘦，卻剛勁，狂風暴雨中盡顯王者風範，這是因為它挖空了竹心，留下了生命的空間；荷花亭亭玉立，下連淤泥，上至水面，不隨波逐流，也是因為它的藕莖中留下了生命的空間啊！那麼，人呢？

我仰對蒼穹，詢問如何留出生命的空間，竹林中悠然傳出：「你需要豁達與樂觀」。

「天生我材必有用，千金散盡還復來。」這是失意者的吟嘯，這是失意者的舒嚎。想當年，力士捧靴，貴妃研磨，劍氣凌人，繡口一吐，便是半個盛唐，李白是何等的雍容華貴，享盡「天子呼來不上船」的恣意與歡謔。而後來，「腳著謝公履，身登青雲梯」，騎上白鹿，在名山之間與僊人同列；在月下，邀月對酌。這是一份怎樣的豁達與樂觀，面對前後的巨大落差，李白沒有停留，沒有流淚，有的只是「呼兒將出換美酒，與爾同銷萬古愁」，與酒同眠；有的只是「安能摧眉折腰事權貴，使我不得開心顏」的豪放與豁達。李

白盛唐時的繁華已悄然落幕，留下的是給後人的諄諄教誨，「生命的空間，需要的是豁達與樂觀」。

可如今有些人早已遠離了那份豁達與樂觀的生命。物欲橫流，紙醉金迷，霓虹燈下，閃爍的是一張張疲憊的臉龐。他們說，他們在為理想奮鬥，人活一世，不可無所作為，人光著兩隻手來，不可光著兩隻手走。他們可曾知道，時間以白駒過隙的飛速洗滌舊跡，人們為了趕上時代的浪潮，為了想要超人一步，無休止地工作著、焦慮著，留下的只有空虛的靈魂與精神，乾枯的軀殼與肉體。他們喪失的是生命緩衝的空間，就像行車的安全距離，若是一遍遍安慰自己還可挨得再近一些，再近一些，留下的恐怕只有血色的悲哀與無盡的惆悵。

生活，不需要過多的矯揉造作和虛無的光環；心靈，需要努力地擴展來增加生命的承載量。生命的空間，需要樂觀與豁達，我的生命，會留下緩衝的空間。

對生活細膩的觀察和思考正是我們寫作永遠不會枯竭的源泉。小作者選取了生活中的一件小事，引發出自己對於生命空間的思考，展示了自己良好的思維品質，由此及彼，由小見大，展開豐富的想像和聯想。引入大量的事例對觀點進行論述，層層推進，見解新穎，結構嚴謹，有較為鮮明的個性特徵。用詞準確、語言簡潔、行文樸素自然是這篇文章的優點，也是它吸引人之所在。

王懷靜

守住氣節

羅曉睿

雲南省文山第一中學

（現就讀於大連外國語大學）

花花世界，百態人生，金錢阻擋著我們的視線，利益衝著我們的耳膜叫囂，面對繽紛的世界，面對眼花繚亂的生活，面對誘惑，我們需要挺起腰板，守住氣節。

「既自以心為形役，奚惆悵而獨悲？」這是陶淵明遠離官場的獨白。為了生存，為了五斗米他曾委屈自己。但當看透了世間的紛紛擾擾，他在心與生存之間，選擇了守住自己的一顆心，守住一份氣節，「種豆南山下，採菊東籬下」，他用快樂與自由駁斥了世人對他的不滿與貶低，跟著心的方向，跟著凜然的氣節行走在充滿花香的小徑上。遠離浮華，就能活得很漂亮。

羊鞭不改，旌旗不倒，是蘇武用血淚守住的忠貞，用痛楚守住的氣節。面對磨難，面對權勢，面對著孤立無援的大漠孤煙，他流著血卻不曾掉下委屈的淚；面對脅迫，面對背叛，他的心中只在喊：大漢在，我在！他的渴望不是權位，不是金錢，只為守住心中的大漢王朝，守住對天子對國家的承諾。他也曾傷得很痛，他也曾走在生與死的邊緣，但他守住了自己，守住了氣節，就算等不到功名利祿卻早已心滿意足。大漠孤煙直，蘇武腰板硬。如此忠貞，如此堅定，就連歷史也為他筆鋒一轉，起舞翩翩。守住氣節，你就是英雄！

用黑色的眼睛去尋找光明，用堅挺的筆桿去拯救民族。魯迅就像是一把鑰匙，為烏煙瘴氣的中國開一扇門，解救出一批批被困其中的百姓。什麼是魯迅的氣節，民族與國家就是他的氣節。他在沒有硝煙的戰場上擲下有力的炮彈，他將人民的心靈擦得　亮，讓更多人得到救贖，看清前方。如果是為了聲名鵲起，他不必四處碰壁，做一個優秀的醫生便可以，但他選擇做個戰士，用精神作武器，用尖刀插進敵人的胸膛。守住民族氣節的魯迅是自信的，是堅定的，是為人敬仰的。

還有「頭可斷，血可流」的譚嗣同，不吃美國救濟糧的朱自清，寧為玉碎、不為瓦全的屈原……隨心而奔跑，守著氣節生活，他們或困苦，或悲壯，但都死得其所，流芳百世，成為人民的英雄，永遠的正義者。

生與義，有人選擇了生，有人守住了義。不同的選擇換來的就是不一樣的人生，苟且活著，不如壯烈死去，手捧金錢，不如心中充滿正義。

守住氣節，守住自己，花花世界，撥開紛擾，做好勇敢、堅定的自己！

文章開篇直接點明主題：在紛擾的社會生活中，我們需要挺起腰板，守住氣節。行文以敘帶議，敘議結合，用三個學生們經常運用的事例論述，卻能寫出自己的獨特的見解和角度，言之有據，使人信服。整體安排合理恰當，是一篇很好的考場作文。

王懷靜

編輯的話*

　　古人有兩句話，一說，字如其人；又說，文如其人。兩句話的大意，是書法以線條表達和抒發作者的情感心緒，而文章風格同作者性格特點相類似。兩句話其實也可簡化為三個詞：寫字、作文和做人。這兩句話三個詞，簡單明白，樸素淡雅，卻又你中有我，我中有你，渾然透出物我相融、拙樸性靈的中華哲學。

　　以關注人文教育、弘揚中華文化、服務全球華人為使命的華文出版社，理想宏大，卻正以這三個詞語構成我們的出版三部曲。從陶冶漢字之美入手，我們出版的中小學《書法》教材進入課堂，廣受歡迎；從「品史立人」出發，我們以「華文傳記」為品牌出版的一系列傳記作品，引人矚目。這裡奉獻給讀者的，恰是由「字」到「人」的「作文」橋樑──用筆尖寫出青春成長，用筆尖品味漢語之美，用筆尖品察心性脈動。

　　二〇一二年八月，我們推出了這套作文書的第一部：中國人民大學附中校長劉彭芝作序、陳蓮春老師編著的《筆尖上的成長：人大附中陳老師教你寫立體作文》。這本書出版一年來，受到中學老師、學生及家長的熱烈歡迎，在書店銷售排行榜也居高不下。據調查，受歡迎的原因，首先在於滲透了中學作文教改的新理念和新思想；其次便是關注立

＊編按：本文為簡體版之〈編輯的話〉。

足於人、書寫成長，是心靈的自由帶來了作文的「解放」；最後，是水到渠成的結果，書中作文的每位作者順利實現了自己的高考夢想，其中兩位還分別成為北京市二〇一二年高考的文科、理科第一名。

這次推出的《筆尖上的成長：中國名校名師選評作文》系列，延續了這由書到文、由文到人的立意，同時又體現了各自的特色。如北京四中卷、北京八中卷，再次呈現北京名校的作文教學優長；又如江蘇省卷、雲南省卷，則是薈萃全省幾十家著名中學的優秀作文；針對每篇作文，不僅有名師的精到評改意見，還有每位學子的介紹或感想。系列化出版的這套圖書，自北京起步，融會全國，無疑構成當代中國優秀高考作文的「大合唱」。

不是每個人都能始終擁有成長的歲月，儘管成長可以跨過特定的青春時光；「作文不是生活的點綴，而是生活的必需」（葉聖陶語）。我們期望，這套凝聚全國優秀教師教學智慧、優秀學子高分作文的圖書，能成為學子們的青春記憶、成功助力。

本書編輯部 2013 年 12 月

筆尖上的成長　A0900009

筆尖上的成長：名師帶你讀作文　卷二　下冊

編　　著　戴慶華、蔣　文
責任編輯　蔡雅如

發 行 人　林慶彰
總 經 理　梁錦興
總 編 輯　張晏瑞
編 輯 所　萬卷樓圖書股份有限公司
臺北市羅斯福路二段 41 號 6 樓之 3
電話 (02)23216565
傳真 (02)23218698

出　　版　昌明文化有限公司
桃園市龜山區中原街 32 號
電話 (02)23216565
發　　行　萬卷樓圖書股份有限公司
臺北市羅斯福路二段 41 號 6 樓之 3
電話 (02)23216565
傳真 (02)23218698
電郵　SERVICE@WANJUAN.COM.TW

ISBN 978-986-94917-0-9
2017 年 5 月初版
定價：新臺幣 320 元

如何購買本書：

1. 劃撥購書，請透過以下郵政劃撥帳號：
　帳號：15624015
　戶名：萬卷樓圖書股份有限公司
2. 轉帳購書，請透過以下帳戶
　合作金庫銀行 古亭分行
　戶名：萬卷樓圖書股份有限公司
　帳號：0877717092596
3. 網路購書，請透過萬卷樓網站
　網址 WWW.WANJUAN.COM.TW

大量購書，請直接聯繫我們，將有專人為您
服務。客服：(02)23216565 分機 610

如有缺頁、破損或裝訂錯誤，請寄回更換

國家圖書館出版品預行編目資料

筆尖上的成長：名師帶你讀作文. 卷二 / 戴
慶華, 蔣文編著.-- 初版.-- 桃園市：昌明文
化出版；臺北市：萬卷樓發行, 2017.05
　冊；　公分
ISBN 978-986-94917-0-9(下冊：平裝)
1.漢語教學　2.作文　3.中等教育
524.313　　　　　　　　　　　106008396

本著作物經廈門墨客知識產權代理有限公司代理，由華文出版社有限公司授權萬卷樓
圖書股份有限公司出版、發行中文繁體字版版權。